「その仕事、する?しない?」

教師の仕事の判断基準フローチャート

その仕事は ……

教師

●子と

●法律・ られていること

●教育委員 針で取り組むこと

●授業（準備 ／学習評価や成績処理

学校行事の準備・運営／進路指導／給食時の対応

支援が必要な児童生徒・家庭への対応

（2019年1月の中央教育審議会の答申で、教師の業務と明記）

→ この中に当てはまる場合 スイスイの原理で「する」

↓ NO

あなた自身が“ワクワク”する?

●子どもが楽しむ顔が目に浮かぶこと

●保護者の信頼が獲得できそうなこと

●職員みんなが元気になりそうなこと　など

→ この中に当てはまる場合 ワクワクの原理で「する」

↓ NO

モヤモヤゾーン

上のどちらにも当てはまらない

●勤務時間外の仕事

●印刷や電話対応など、教員じゃなくてもできること

●単なる学校の慣習・文化　など

↓

モヤモヤの原理で

「しなくてよい!」

教師の仕事をスリム化する3つの原理

その仕事、する？しない？

Should I do this work,or not?

日野英之 著
Hideyuki Hino

まえがき

『その仕事、する？しない？ 教師の仕事をスリム化する3つの原理』を手に取っていただき、ありがとうございます。本書を通して伝えたいメッセージは、ずばり「教師の仕事がブラックとなるかホワイトとなるかはあなたの判断と対応次第！」ということです。

私は、教員とは「子どもに寄り添い、人としての成長を身近に感じられる、とても魅力的な職業」であると思っています。子どもたちが誰かの努力にそっと寄り添う姿、誰かの喜びを全員で喜び合う姿、怒りと怒りがぶつかり合う姿、その姿を哀しむ姿……私自身、教員という職業に就かなければ味わえなかったであろう、一生心に残る経験をたくさん積ませてもらいました。また、喜びや感動もたくさん味わわせていただきました。

ところが、自分が素敵な職業であると思っている「教員」は、いつのまにか「ブラック」を代表する職業となってしまいました。残業時間が過労死ライン、残業代がほぼ0円、業務以外の対応が多すぎる……なるほど、言われてみればそのとおりです。

ですが、自分が誇りを持って勤めてきた教員という職業を「ブラック」だと呼ばれることには些か抵抗感があります。なんとか教員という職のイメージを変えたい、先生方に変えていただきたい。そのためには「ブラック」と言われるようになった原因─なぜ教員は残業時間が長くなり、業務以外の対応が多すぎるのか─を明らかにし、改善を図っていかなければ光は見えてこないと考えた次第です。


私が教員として学校に勤めていた時代の話。定時を超えても6割を超える先生方が職員室や教室で残業をしていました。明日の準備をする先生、家庭に連絡をしている先生、事務作業をする先生。そんな先生方に見られる共通点が大きく2つありました。1つは、残業をしている人は、依頼された事に対して『NO!』とは言えない、いわゆる「いい人」が多いこと。もう1つは、「自身の業務の線引きが曖昧である」ことです。

つまりは、「自分の業務かどうかはわからないけれども（業務の線引きの曖昧さ）、保護者や子ども、同僚からのお願いだからとりあえず引き受ける（『NO!』と言えない、「いい人」）。結果、膨大な仕事量となり、残業をしてしまうこととなってしまうのです。

では、どうすれば残業時間はなくなり、業務以外の対応を減らすことができるのでしょうか。それは、個人の業務内容を明らかにし、『NO!』をきちんと伝え、業務量を整理すれば良いわけです。

「自分の業務かそうでないかを判断することが難しいんですよ……」と嘆かれる皆様、ご安心下さい。本書『その仕事、する？ しない？ 教師の仕事をスリム化する3つの原理』を効果的に活用していただくことであなたの「判断基準」を確立し、業務量を整理することができるようになります。

本書では教員の業務をどんな判断基準で取捨選択すれば良いのかを明確に示し、判断後のおススメの対応まで記しています。

第1章では、「教師の仕事をスリム化する判断基準はこれだ!」と題し、教師の仕事をざっくりと解説。

第2章「3つの原理こんな風に使おう」では、事例をもとに各原理に沿った判断の仕方について説明。

第3章「こんなときどうする？ 事例Q&A」では、実際の現場の先生方からの困り事について、どのような判断をし、どのように対応すれば良いのかをQ＆A方式で回答しています。

もはや【教員＝ブラック】のイメージは現役教師だけの問題ではありません。「先生という仕事って大変なのですね。」「先生、仕事し過ぎて倒れないでよ!」これらは、保護者や教え子たちからの言葉です。これからを担う子どもたちにも【教員＝ブラック】はしっかりと定着しています。

教員になることを夢とする子どもは減り、教員採用試験の受験者は年々減る一方です。定数を割っている学校、割ったまま1年間を終える学校が後を絶ちません。日本の教育は窮地に立たされているといっても過言ではありません。

【教員＝ブラック】から【教員＝ホワイト】へ。

本書が皆様の業務改善の一助となること、また皆様の業務改善を通して子どもたちの目に映る「教員」が少しでも魅力的なものとなることを願っています。

教師の仕事をスリム化する
3つの原理

目次

見返し　教師の仕事の判断基準フローチャート

第1章　教師の仕事をスリム化する判断基準はこれだ！……13

第3章　こんなときどうする？　事例Q＆A……75

コラム

第1章

教師の仕事をスリム化する判断基準はこれだ！

教師の仕事を分解すると、こうなっている

教員を志した理由

早速ですが、読者の皆様はどうして教員という職を目指されたのでしょうか。私の周りの教員に「**教員を目指した理由**」を聞いてみたところ、次のような回答が返ってきました。

- 「担任の先生のような人になりたい！」と思ったから
- ○○学校時代がとても楽しかったから
- 子どもが好きだから
- 大人になっても夏休みを過ごしたかったから（笑）

どれもこれもあるある回答。中でも「**担任の先生のような人になりたい！**」「**○○学校時代がとても楽しかったから**」の回答が多かったですね。回答した方はきっと次のような教員の姿を見て育ったのでしょうね。

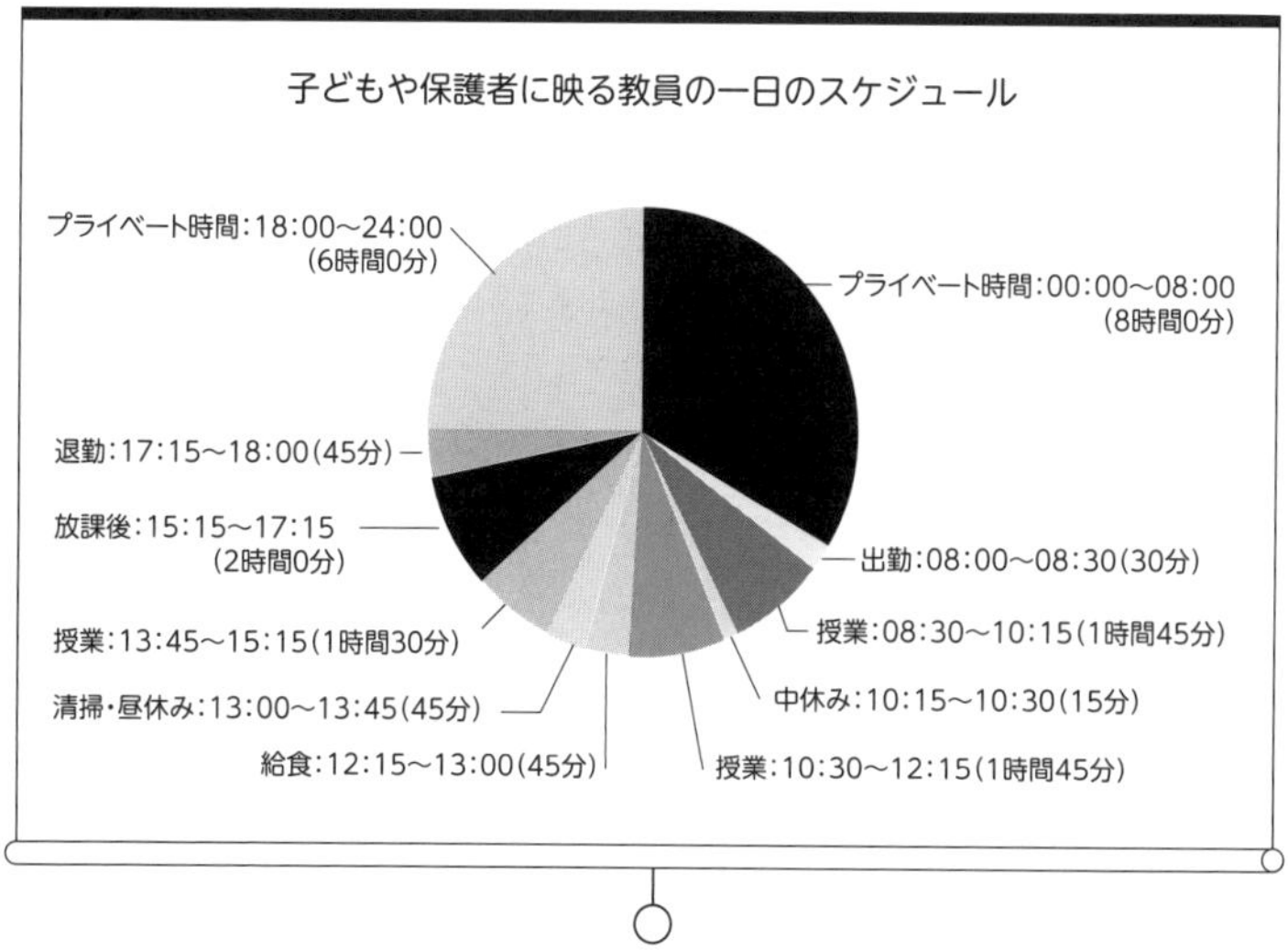

サッカーで遊んで、おいしい給食が食べられて、調理実習があって、図書館の本は読み放題！　夏になれば広いプールで泳ぐことができるし、放課後の体育館でバスケットボールし放題！

　私たち教員側からすれば、ほんと「夢」のようなスケジュールです。

　また私たちが子どもの頃は、「私たちと同じように先生たちも明日から夏休み（冬休み・春休み）だね！」と普通に思っていましたよね。

　皆さんもそんな「先生」をイメージして、教員という仕事に魅力や憧れを感じられたのではないでしょうか。

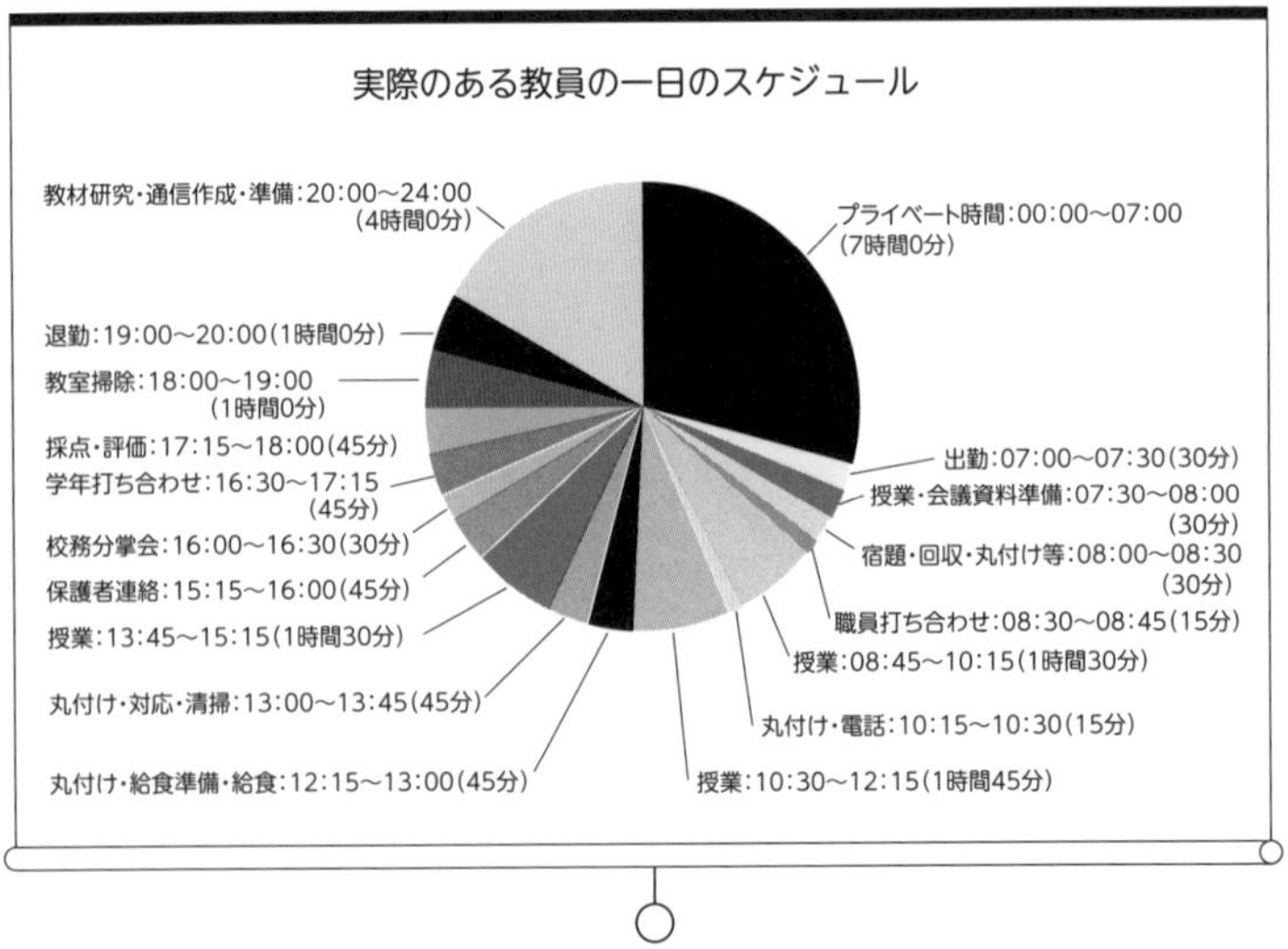

一方で……現実の世界に帰ってきました。

実際のところは、すること盛りだくさん。図書館で自分の好きな本を読む時間があるのならば、広いプールで泳ぐ時間があるのならば、その時間は、丸付けの時間にあてたい、授業準備の時間にあてたい、英気を養うために休む時間にあてたいですよね。

夏休み等の長期休みは、当番に研修に教材研究……。**休みがないわけではありませんが、ゆっくりと休めないのが実情**ですね。

その他にもある！ 教員がしている仕事

グラフに示された仕事が「教員の仕事の全てです！」と言われたら、頭の中にクエスチョンが浮かびますよね。**示したのはあくまでも平日の学校内での話。休日の学校外でも教員がしていることってじゃんじゃんとありますよね。**

（平日帰宅後）
　翌日の授業の最終確認、終わらなかった校務分掌や学年・学級関係の事務作業、市区町村全体に係る仕事　など
（休日）
　ＰＴＡ活動への顔出し、地域行事への参加、各種研究会への参加、自己研鑽（読書等）、部活動指導、個人情報関係の事務処理に係る学校勤務　など

こんなはずではなかった……

「私の憧れた先生は、いつも笑っていて楽しそうだったのに……」

見えていた、憧れていた世界とは違った実際の世界。ギャップに耐えられずに叶えた夢を手放す方がたくさんいらっしゃいます。

一方で、**同じ業務量、いやそれ以上の業務量であるにも関わらず、いつも楽しそうに元気に余裕を持って過ごされている先生もたくさんいます**。おかげさまで、私も後者のタイプの教員として過ごすことができました。休み時間も放課後も子どもたちと遊んだり、一緒に何かに取り組んだりして過ごしながらも、定時には帰っていました。

教員という職を楽しめる人、楽しみを見出す余裕がない人とは、一体何が違うのか。私なりに分析した結果、**「仕事の取捨選択」が大きなポイントとなっている**ことがわかりました。

教員という職を楽しめる人はどのように仕事に向き合っているのでしょうか。「仕事の取捨選択」の中身についてじっくりと見ていくことにしましょう。

教師の仕事にはモヤモヤゾーンの仕事が多い

モヤモヤゾーン
毎日の
学級通信作成
朝の校門に立っての
あいさつ当番
PTA 活動への
顔出し
宿泊行事の
朝の見送り
休日の地域行事
への参加
電話の取り次ぎ
印刷業務
自己研鑽
（読書等）
教師がやるべき仕事
授業（準備含）、給食時の対応
学習評価や成績処理
学校行事の準備・運営、進路指導
支援が必要な児童生徒・
家庭への対応
勤務時間外の会議
部活動指導
会議資料の
製本・配布
地域行事
への参加
毎年恒例の○○会
への参加
詳しすぎる
指導案の作成
体育館や理科室等
の整理
個人情報関係の事務処理
に係る学校勤務
職員室の
お菓子の買い出し
行事ごとの打ち上げ幹事
各種研究会
への参加

本来やらなくても良いのにやらなくてはいけない、「モヤモヤゾーン」の仕事が多すぎる！

「子どもが習い事に行こうとしないのです。先生から説得してください。」と保護者からの電話。**「地域と親睦を深めるために飲み会を開くので、土曜日の夜は空けといてね。」**という管理職からの誘い。教員なりたての頃は、全ての要望に実直に応じていました。不平や不満を言おうものならば、先輩教員からは「日野さん。学校の先生はサービス業と一緒。子どもや保護者はお客様なのだから、要望にはしっかりと応えないと。」と返ってきました。

標題にも示しているとおり、ここでは本来やらなくても良いのにやらなくてはならないことを皆さんと一緒に考えていこうと思うのですが、**そもそも教員のやらなければならないことって何なのでしょうか。**中央教育審議会の答申（2019年（平成31年）1月25日）では、教員の仕事は、**授業（準備含）はもちろんのこと、給食時の対応、学習評価や成績処理、学校行事の準備・運営、進路指導、支援が必要な児童生徒・家庭への対応**とされています。登下校に関する対応や放課後から夜間における見回り、児童生徒が補導された時の対応については、実は**「基本的には学校以外が担うべき業務」**と明記されているので、「これは私の仕事ではありません！」とはっきり言えれば解決するのですが……そうもいきません。**「モヤモヤ」を抱えながら取り組む仕事が存在する**わけです。そうもいかない理由は何なのでしょうか。理由は3点あると考えます。

- 理由①魔法の言葉
- 理由②ブラックボックスの存在
- 理由③教師の性分

理由①　魔法の言葉

教員の仕事に対して、後ろ向きな話をすると、**「子どものためにがんばろう！」**と二言目には「子どものために」という言葉が返ってきます。この魔法の言葉を聞くと、多くの教員は「そうか、がんばるか！」と無理やり自分を奮い立たせてしまうんですね。中には、「子どものためなのだから、やらないのは悪いことだ」とまで思ってしまう方もいます。その結果、やらなくて良い仕事までしてしまうことになるわけです。

理由② ブラックボックスの存在

仕事を早く切り上げることを「さぼり」と捉えて、良くないことだと思っている教員も少なくありません。**「子どものためになるなら業務時間を超えてでもやるのが教員」**だと。

そんな考えの持ち主と学年を組むことになったり、同じ教科を受け持ったりした場合は悲惨です。「今日の打ち合わせは18時からにしましょう！」と笑顔でニコニコと伝えて来た際に、「その時間帯の会議はちょっと……」とは、なかなか言えませんよね。

こうした実態を管理職は把握していない場合が多いのです。他の教員も他学年のことにまで気を回す余裕なんてありません。つまり**学年内のことは周りからは見ることも知ることもできない"ブラックボックス"**なのです。しかし、学年内のブラックボックスを皆さんなんとなくわかっているので、「子どものためになるならなんだってやる」タイプの先生との関係が悪化しても、**周りに助けを求めようとはしません。**その結果、「今年だけだから我慢しよう……」と、頑張って乗り切らざるをえなくなるわけですね。

理由③　教員の性分

多くの教員は、教えることや伝えることが好き。だから、困ったことやモヤモヤしたことについて質問をすると、たいてい、迷惑な顔一つせず喜んで答えてくれます。ところが１つ困った点が。「そんなの、しなくて大丈夫だよ」「それはしておかないと後々大変なことになるよ」等、同じ質問に対する皆さんの回答が千差万別だということ。そして、**実直で真面目な性格の先生方は「しんどい道を選んでおいた方が無難かなあ」と、モヤモヤする仕事でもこなしてしまった方が良いという判断をされる**わけです。

こうして、モヤモヤ仕事が残っていくという悪循環にはまっていくわけです。

こんなにある！　モヤモヤゾーンの仕事

これまでモヤモヤ仕事がなくならない理由について述べてきましたが、実際に皆さんがどのような仕事にモヤモヤ感を抱かれているのでしょうか。大きく３つのパターンに分けることができます。

①やったほうが良いのはわかるけどやり過ぎじゃない？ 仕事(当番(地域・親睦会など))
②私じゃなきゃできませんか？ 仕事（印刷・書類のカウント・お金関係)
③やらなくていいでしょ！ 仕事

①やったほうが良いのはわかるけどやり過ぎじゃない？ 仕事

やったほうが良いことはわかっている。でも、他にも方法があるんじゃないですか⁉と思われる仕事って結構ありませんか。

例えば、詳しすぎる指導案の作成。指導観に教材観、児童生徒観に本時案に単元計画。詳細に書くほど伝わるのでしょうけれど、指導案を隅から隅まで全部読んでいる方いらっしゃいますか？

朝の校門に立ってのあいさつ当番。朝のあいさつは大切！ わかりますが、そもそもどうせ教室であいさつはするんだし、寒い中、暑い中、30分間も立つ必要ありますか？

その他にも、毎日の学級通信作成や休日の地域行事への参加等もこのカテゴリーの仕事です。やったほうがいいんだけれども、他にも方法があるような気が……モヤモヤ。

②私じゃなきゃできませんか？ 仕事

この仕事は私でなくても空き時間の多い教員や事務職員ができるんじゃないの？……っていうことありませんか。

印刷業務、会議資料の製本・配布、電話の取り次ぎ、体育館や理科室等の整理……。頼まれてしまうと「自分たちに関することだから」と、つい手をつけてしまう。人に仕事を振れればいいけれど、皆やっているから……モヤモヤ。

③やらなくていいでしょ！ 仕事

行事ごとの打ち上げ幹事、職員室のお菓子の買い出し、勤務時間外の会議……**やりたい人で勝手にやってくれればいい関係の仕事**。もはやここまで来るとこれはプライベートなのか？ 仕事なのか？ と疑問に思うようなことも。……モヤモヤ。

教員のモヤモヤ仕事が多いことはおわかりいただけたでしょう。しかし、これらの仕事は、警察が消火活動にあたる、プロ野球選手が外科手術を施す、などとは異なり、少なからず教師本来の仕事とも関係しているわけです。このままではモヤモヤ仕事はなくなりそうにありませんね。

教育委員会に勤務して見えたするべき仕事・しなくても良い仕事！

指導主事になって

指導主事の仕事と聞かれたら、どんな仕事を想像されますか？　初任者研修等の研修講師、教職員研修の開催、管理職への指導助言……いわゆる指導者・監督者としての仕事を想像されるのではないでしょうか。

確かにこのような仕事もありますが、**半分以上は、いわゆる事務仕事です。**国（文部科学省）からの調査回答、予算獲得に向けた資料作成、行政（役所）と教育（学校）とが絡んだ事業計画書の作成、教育施策の検討・計画・実施、地域・保護者からの質問への回答……挙げればキリがないぐらいです。これらの事務作業をチームで行うのではなく、基本は割り振られた担当者が一人で進めていきます。

これまで、授業を中心に、人と関わることが仕事だった教員時代とは全く異なる仕事内容に悪戦苦闘の日々……。**印刷するのも学級人数分ではなく、「児童生徒数」かけることの「学校数」分。**一つの書類の印刷業務だけで軽く1時間は超えます。

教育委員会に配属され、自分の力不足を痛感しましたが、人生またとない「指導主事」の機会だと思い、必死に日々の業務にあたりました。20時の帰宅は当たり前。日をまたいだこともありました。平日はじゃんじゃん鳴る電話の中で仕事は進まず、**毎週のように休日出勤して、平日に溜まった仕事をさばいていく。**そんな1年目でした。

ところが、同じような業務量であるにも関わらず、涼しい顔をして業務にあたられている先輩指導主事の方々。どうして仕事が溜まらないのか理由を尋ねてみたところ、

「え、あ、そうなの？」

「指導主事ならではの仕事、担当ならではの仕事以外の仕事をやってしまってない？」

とのこと。初めは言っていることがわかりませんでした。しかし、よくよく聞いてみたところ、その先輩が言われた内容は次のとおりでした。

①担当でなくてもできる事務仕事は事務職員にお願いする
②何でも一人でこなしてきた学級担任時代の自分を捨てる
③業務の調整は個人単位で行わず課（室）長を通す

①担当でなくてもできる事務仕事は事務職員にお願いする

ここでは、読者にわかりやすいよう、学級担任の例でお示ししたいと思います。

朝：授業プリントの印刷、健康観察簿の記入、授業
昼：宿題やテストの丸付け、給食準備、清掃活動
放課後：会議（研究会含む）、教材研究、書類作成、明日の準備

ざざっと書いただけでもこれくらいはありますでしょうか。これらに加え、保護者対応や学校ボランティアさんとの打ち合わせ等も合わせれば……ものすごい業務量です。学級担任はこの、ものすごい業務量を基本的には一手に担います。

学級に係る業務は全て「学級担任の仕事」ということが染みついていた私は、指導主事

になっても、当然のように自分に割り振られている仕事は自分一人でこなしていくものだと思っていたのです。ではここで、指導主事のある一日の仕事（例）をお示しします。

午前：メールの処理（調査回答・学校周知）、予算資料作成、協議、資料印刷、地域団体・業者等の訪問対応
午後：メールの処理（調査回答・学校周知）、予算資料修正、協議、保護者対応、学校訪問

こんな一日があったとします。１年目の私はこれらの仕事を一人でこなしていました（実際は、回っていませんでしたが……）。そこで、先ほどの先輩が言っていた「指導主事ならではの仕事・担当ならではの仕事」を抜き出してみましょう。どの仕事が「ならでは」の仕事でしょうか。

「指導主事ならではの仕事」
・メールの処理（調査回答）、協議、学校訪問

調査関係は、担当が進めている事業に関することですので、担当が回答するのが手っ取り早く、また正確です。協議の場での説明も、担当からの説明が一番確かで細かなところまで伝えることができるでしょう。学校訪問（学校への指導・助言）は言うまでもなく、指導主事の仕事です。

では、残った「指導主事じゃなくていい仕事」を見てみましょう。

> **「指導主事じゃなくていい仕事」**
> **・メールの処理（学校周知）、予算資料作成、資料印刷、地域団体・業者等の訪問対応、保護者対応**

内容をそのまま右から左に流せば済むようなメールの内容（研修の案内や企業からの宣伝等）は、指導主事でなければならない仕事でしょうか。予算資料等の資料作成は指導主事・担当者でなければならない仕事でしょうか。言葉を変えると、指導主事が作成したほうが良いものができあがるでしょうか。話を聞くだけの地域団体・業者等の訪問者対応は指導主事でなければならないでしょうか。一見、保護者対応と聞くと「指導主事の仕事じゃない？」と思われる方もいらっしゃるでしょうが、一つの学校のトラブル程度で出向いていては、体がいくつあっても足りません。保護者・子どものことをよく知っているのは言うまでもなく学校です。学校が可能な限りの対応をすることが優先される判断です。

では、この「じゃなくていい仕事」を取り除けば、一日の仕事（例）はどうなるのか。整理した内容は次のとおりです。

午前：メールの処理（調査回答）、協議
午後：メールの処理（調査回答）、学校訪問

随分とすっきりした内容となりました。

指導主事となって、自分の業務量が自分の対応できる範囲を超えました。そんな時に「ならでは」の仕事に着目することで「する・しない」仕事が見えてきました。何もかも自分が抱えて仕事に向かうのではなく、指導主事「ならでは」なのか、指導主事「じゃなくていい」仕事なのか。「ならでは」「じゃなくていい」の判断基準を持つことで、日々に少しのゆとりと余裕が生まれました。

3つの原理（判断基準）はこれだ！

冒頭で述べたように、

- 理由①魔法の言葉
- 理由②ブラックボックスの存在
- 理由③教師の性分

これらの理由から「教員の仕事＝授業」とはいかず、「これって仕事なの？」とモヤモヤを感じてしまう仕事が生まれるわけです。

言われた仕事は全部受け入れなければならない↓通常の業務が回らない↓残業が増える↓しんどい↓もう耐えられない！↓辞める

という悪循環が後を絶たないのでしょう。

私たちは教員です。教員の仕事に努めたいわけです。そこで大切になってくるのが、「何

が教員の仕事で何が教員の仕事ではないのか」の基準です。基準をご自身でしっかりと持つことです。基準が明確となることで、次に示す3つの点で効果が生まれます。

●判断が早くなり、モヤッとする時間が短縮され、ストレスが軽減される

「これ私の仕事?」と思いながらでは、仕事は順調に進んでいかないものです。そこに主体性はなく、後ろ向きな感情は文章に・表情に・姿勢に表れてしまいます。そんな状態のあなたを見て、先輩教員から「なんだその態度は！この文章は！」等と指導を入れられた時にはたまったものじゃありませんね。

教員の仕事の基準を明確に持つことで、自身の納得感のもと、仕事を進められますし、断る際も「〜だから」と理由を示して断ることができます。モヤッとする時間も仕事も減り、ストレスフリーな教員生活を送ることができます。

●業務が分担され、一人あたりの業務量が軽減される

仕事の基準を共有することで仕事をスッキリと分けることができます。今までモヤモヤ感を抱えていた仕事は一定基準のもとで振り分けられるため、担当がはっきりします。これまでいわゆる「いい人」に集まっていたモヤモヤ仕事は分担され、一人ひとりの業務量の平準化に繋がり、全員がゆとりを持って日々の仕事にあたることができます。

●後ろめたさがなくなる

「子どものために」の言葉がつくと、「これ仕事？」と思っていても、結局何でもしてしまう教員。しかし、「子どものために」なる一番のことは、教員の元気な姿です。

モヤモヤを抱えた状態から気持ちを切り替えて指導にあたることができていますか？モヤモヤした状態の教員を見て子どもは元気に過ごすことができるでしょうか？

仕事の基準を持つことで、後ろめたさを感じず堂々と仕事を拒むことができます。スッキリとした気持ちで子どもたちの前に立つあなたを見て、子どもはあなたから元気をもらって過ごすことができるのです。

「何が教員の仕事で何が教員の仕事ではないのか」の基準を持つ大切さはご理解いただけたと思います。では、その基準は何で、どのように判断したら良いのでしょうか。

教師の仕事の判断基準フローチャートの見方

見返し（表紙の後の色紙）のフローチャートは、ご自身が仕事を進められる上で、するべき仕事なのか・しなくても良い仕事なのかを判断される際に活用いただくチャートです。

（業務の例）教育委員会からの全教職員回答必須の「働き方改革についてのアンケート」
（悩みの例）アンケートに回答するという行為自体が働き方改革に反しているだろう！
　　　　だから答えなくて良いのでは。

こうした場合、チャートの上「教師の本来の仕事？」から見ていきます。「子どもの命には関わらないな。次の法律にも……」といった具合にです。例の場合は、上から３つ目の「教育委員会・学校の方針で取り組むこと」に当てはまりますので、スイスイの原理で「アンケートに回答する」といった判断が正解となります。判断の基準となる原理には３つあり、それぞれ「**スイスイ**」「**ワクワク**」「**モヤモヤ**」と銘打ちました。では、それぞれの原理はどういったものなのでしょうか。次ページから紹介していきます。

スイスイの原理

スイスイの原理とは、「**悩む間もなく、「する」もしくは「しなければならない」と判断される仕事はスイスイやる**」です。例えば、次のようなものがあります。

> **①子どもの命に関わること**
> **②法律・学習指導要領に定められていること**
> **③教育委員会・学校の方針で取り組むこと**

①子どもの命に関わること

教師である前に人として対応しなければならない内容の仕事です。

目の前で苦しんでいる人、困っている人がいれば助ける。ごくごく当たり前のことです。ましてや困っているだけでおさまらず、生死に関わるようなことならばどうでしょうか。救急車を呼ぶこと、胸骨マッサージを行うこと、自宅に帰ってこない児童や生徒を探すこと……「これ仕事なの？」と悩むことは何もありません。早急に取りかかってください。

②法律・学習指導要領に定められていること

「なんで7時間45分も働かなきゃいけないの？」「国語を●時間も教えなきゃいけないなんておかしいのでは？」など、法律や学習指導要領に記載されていることに疑問を持つ必要はありません。いくら疑問を持っていたとしても「そういうものだ」と割り切って、仕事にあたりましょう。

③教育委員会・学校の方針で取り組むこと

教育委員会の方針の下で進められる事業、校長の方針の下、学校全体で進めていくことになった事業。「子どものことを考えて打ち出してきたの？」「これって意味のある調査なの？」色々と疑問に思われることがあるでしょうが、これらも国の動向や方針を踏まえて決定していること。悩む時間がもったいないです。

ワクワクの原理

①子どもの命に関わること
②法律・学習指導要領に定められていること
③教育委員会・学校の方針で取り組むこと

これらには当てはまらない。けれども**教員がワクワクするような仕事ならば、進んで取り組みましょう。**子どもじゃなくて教員がワクワク!? そう、「教員がワクワクする」、これが大事です。例えば、次のようなものがあります。

> ①時間外の仕事が増えることがわかっているが、子どもが楽しむ顔が目に浮かぶこと
> ②仕事量が増えるが、保護者の信頼が獲得できそうなこと
> ③もはや仕事ではないけど職員みんなが元気になりそうなこと

①時間外の仕事が増えることがわかっているが、子どもが楽しむ顔が目に浮かぶこと

数多くの職業の中から教員という職業を選ばれた理由に〝お金が稼げるから〟や〝社会的名誉が欲しかったから〟、〝有名になりたかったから〟を挙げる人は少ないのではないでしょうか。なりたいと思った理由は様々あれども「子ども」という視点は必ず入っているのではないかと思われます。「子どもの笑顔」が想像できることならば、ワクワクしてきませんか？　大変さはつきまといますが……進んで取り組みましょう！

②仕事量が増えるが、保護者の信頼が獲得できそうなこと

ちょっとした成長を保護者と分かち合うための電話やお手紙、家庭訪問。保護者の笑顔が目に浮かびますね。保護者のあなたへの信頼が増すことでしょう。保護者の信頼は子どもの信頼と笑顔に繋がります。少しの手間が後々の「楽」を生み出します。

③もはや仕事ではないけど職員みんなが元気になりそうなこと

「職員を巻き込んで○○大会を企画」「○○を作ってお裾分け」「○○会を企画」。みんなが元気になる姿が見られることに「ワクワク」を感じられる先生は、ぜひ。

モヤモヤの原理

モヤモヤする仕事は基本的に「あなたがしなければならない」仕事ではありません。**モヤモヤする仕事の中でも次に示す内容の仕事は、思い切って手放しましょう。**

> **①勤務時間外でスイスイにもワクワクにも当てはまらないこと**
> **②教員じゃなくてもできること**
> **③スイスイにもワクワクの原理にも当てはまらない、学校の慣習・文化**

①勤務時間外でスイスイにもワクワクにも当てはまらないこと

「〇時から打ち合わせね」と当たり前のように勤務時間外の仕事を命じてくる先輩教員。このご時世、あなた自身のワクワクに繋がらないのならば、断って大丈夫です。

②教員じゃなくてもできること

メールに印刷業務、電話応対に、自身に関係のない業者や来客対応。何もかもしないと気が済まないならば話は別ですが、「自分がしなければならない」と思い込んでいるのであれば、手放して他の方にお願いしましょう。あなたじゃなくても大丈夫です。

③スイスイにもワクワクにも当てはまらない、学校の慣習・文化

校長が決めたわけでもない、教育委員会からの指示でもない学校単位レベルの慣習・文化。宿泊行事の朝の見送り、毎年恒例の○○会への参加……教員が目的や意図がわからない・見えない取り組みにモヤモヤを抱えながら参加する必要はありません。

少しきつい書き方の紹介となりましたが、このモヤモヤゾーンの存在・対応が教員の幸せを生み出せるかどうかの重要な鍵となってきます。対応について次の章で具体事例を載せて紹介しています。参考にしていただき、教員としての幸せをつかんでください。

令和2年（2019年）。新型コロナウイルスが猛威をふるい、私たちは嫌が応でも人との交わりを絶たれました。膨大な〝一人時間〟が生まれました。料理を始めたり、DIYを始めたりと、人は膨大な時間を無駄にしないために「趣味」を獲得しようと躍起になりました。コロナが明けた今でも、獲得した趣味を続けている人は多いことでしょう。

私もコロナ禍で何もすることがなくなり、始めたのがジョギングでした。初めは毎日5㎞程度走ることからスタートし、徐々に走る距離を延ばし、今では月に600㎞走るようになりました。自分の力を試したくなり、マラソン大会に出場するようになりました。大会に出場すると、今度は記録を更新したいという欲が湧き、食に睡眠に身体のケアに興味を持つようになりました。関わる人間関係もコロナ前とはがらりと変わり、自分の姿もがらりと変わりました。マラソンは今の私を語る上で欠かせないものとなりました。

時間が生まれれば、人は時間をどのように効果的に使おうかと考えるものです。「趣味がないから残業する」思考から「残業しないから趣味ができる」思考へ。趣味はプライベートを充実させ、プライベートの充実は仕事の充実にも繋がり、結果として自分の人生がより豊かなものとなります。

第2章

3つの原理
こんな風に使おう

スイスイの原理

［どんな原理？］

誰がどこから見ても、「**うん、これは教員の仕事！**」と納得できる仕事があります。授業はもちろんのこと、法律や規則で定められた仕事、教育委員会や学校の方針で進められている仕事等があたります。

これらの仕事を疑問に思われても、結局はせざるを得ない仕事です。悩んでいる時間がもったいないです。**スイスイと取り組んでしまいましょう！**

例えばこんなとき

・授業、授業準備
・保護者対応、児童生徒指導
・自己評価申告書の作成
・教育委員会から依頼された調査書の作成
・日直や水泳指導等の当番仕事

【スイスイの原理：事例①】

習い事から帰ってこない子どもの捜索

終業のチャイムが鳴り、帰ろうとしたところ、「子どもがまだ帰ってこないのです」と保護者からの電話。職員総出で、2時間近く学校近くを中心に捜索。結局は、友だちと公園で遊んでいたとのこと。帰宅は21時……。

年間通して数回ある「子どもの捜索」。家族には迷惑かけることになりますし、疲労が取れないままの翌日の勤務もかなりこたえます。

【スイスイの原理：事例①に対するアドバイス】

2つの基準でスイスイ判断！

この事例では、判断基準が2つあります。「誘拐等の事件に巻き込まれている可能性がある」と捉えれば、子どもの命に関わることですので、当然捜索に行かなければなりません。

一方で、勤務時間をはるかに超過しており、勤務時間の観点からは「規定外」にあたるため、捜索に行かなくて良いという判断もできます。

ですので、判断の最優先事項である「子どもの命に関わること」と認識した上で、ご自身の予定と天秤にかけ、**「家族等に関わる用事（子どものお迎えや介護等）が優先だと思ったのならば捜索には行かない（行けない）、用事を優先しなくても大丈夫と判断した場合は捜索に行く」**というジャッジで問題ありません。どちらの判断も正解です。

【スイスイの原理：事例②】

内容に魅力がない研修への参加

今年初任である私は、月に一回程度で悉《しっ》皆《かい》の研修が設定されています。研修は同じ方が担当されるのですが、毎回、原稿を読み上げるだけの研修で、何の「学び」も得ることができません。

このような研修に行くくらいならば、教材研究や丸付けに時間を割きたいです。内容に魅力を感じない研修でも、絶対に参加しなければならないのでしょうか。

【スイスイの原理：事例②に対するアドバイス】

学びのない研修にも学びはある！と前向きに

つまらない研修会ってありますよね。それが定期的に開催される……お気持ちお察しいたします。さて、この事例における研修とは、おそらくは「初任者研修」のことを指されているかと思います。**「初任者研修」は、教育公務員特例法という法律に明記されている**悉皆研修であり、受講することを**スイスイと判断**しなければならない研修です。

どんなに内容がつまらない研修にも「学び」は存在します。例えば「この人の話はどうして伝わってこないのだろう？」に着目し、分析をする時間として過ごされてみてはいかがでしょうか。「相手を見ない」や「身振り手振りがない」……など、分析したことを自身の授業に反映できれば、それは立派な**「研修の成果」**です。多角的・多面的に物事を捉え、自らの力で意味のある研修にしていきましょう！

〔スイスイの原理：事例③〕

理由がわからない学校方針に納得がいかない！

・「ペーパーレス」と言いつつ、会議にはデータと共に紙媒体のものを用意しなければならない。

・空き時間の内○時間は他学年の授業を観に行かなければならない。

・運動場が傷まないように、体育部の教員が放課後にブラッシングをする。

等、学校の方針について納得いかないことばかりです。

学校の方針は「守らなければいけない」ものなのでしょうか。

【スイスイの原理：事例③に対するアドバイス】

「きっかけ」に触れてみましょう！

学校の方針として進めているものを個人のご判断で「する・しない」と決めることは難しいでしょう。**異論があるのならば、職員会議の場で提案し、校長先生の理解を得、方針を変更してもらうしかありません。**肉体的にも精神的にも時間的にもかなりの労力を費やすことになるでしょう。そういうものなのだと割り切ってスイスイと対応されることをおススメします。

いや、何とかしたいんだ！という方は、**この取り組みが始まった「きっかけ」について調べると良い**かもしれません。きっかけを知れば納得や理解が生まれるかもしれませんし、知った上で改善を目指される方も、「きっかけ」に触れた提案をすることで、周囲の理解が深まり、意外とすんなりと方針を変えることができるかもしれません。

スイスイの原理
ただしここに注意！

【注意事項】

教員として当たり前の仕事や、教育委員会絡みの仕事は「する・しない」と**悩む時間がもったいない**ので、スイスイと進めていきましょうという内容でした。

一方で、スイスイと進めていくだけではなく、**「スイスイとやめる」「スイスイとやらない」という判断もできる**のだという意識も持っていただければと思います。「法律上はこうなので」「学校の方針ですので」を枕詞に、スイスイの原理をご自身の負担軽減にも積極的にご活用ください。

[スイスイの原理にまつわるエトセトラ]

私が教員なりたての頃は、方針だろうがなんだろうが、意味がわからないことについては、「やる意味がわかりません」と先輩教員や管理職に反論していました。いわゆる「ややこしい」教員だったと思います。しかし、おもしろいことに、自分がわからないと思っていることは、誰もわかっていなかったということがわかりました。

例えば、個人懇談の時には職員みんなでお金を出し合って、お汁粉を作って食べていました。「なぜお汁粉？」「なぜ個人懇談時？」「あずきが好きではなく食べられない私もお金を出さないといけませんか？」私の立て続けの質問に、他の教員たちも「言われてみれば何でだろうね」と、みんなで笑いながら話しました。結果、翌年からなくなりました（笑）。

休み時間のなわとび禁止、給食時間の音楽禁止、教員の出勤時スーツ着用……ありとあらゆることが同じ経緯をたどってなくなっていきました。「方針」と「意味のない慣習」は紙一重。方針って意外と骨のないものなんだなあと感じました。

ご自身の仕事に少し余裕が出てきたり、管理職や先輩方と話す関係ができてきたりしたならば、「意味のない方針を見直す係」として動いてみるのもおもしろいですよ。

ワクワクの原理

【どんな原理？】

この原理に当てはまる仕事は、スイスイの原理に当てはまる仕事とは異なり、「しなければならない」仕事ではありません。**教員自身が〝ワクワク感〟を持てることは積極的に取り組んでいきましょう！** というのがワクワクの原理です。

ワクワク感を持って日々を過ごすことで、気持ちが昂り、日々の仕事に前向きになることができます。この原理を用いることであなたも周りも「Win－Winの関係」を築くことができます。

例えばこんなとき

・取り組んでみたい！ と思えた実践
・休日や時間外にかかってくる行事の企画
・方針から外れていない”学校初”となる取り組み
・教職員を巻き込んだ行事の企画・運営

【ワクワクの原理：事例①】

学級通信はだめ!?

話すことは苦手ですが、書くことは得意な私。通信を通して、日々の想いや子どもたち・保護者への感謝を伝えてきました。評判も上々でした。

しかしある日、隣の学級担任から「あなたが学級通信を出していることで、私の学級の保護者が『学級通信を出してください』って要望がきたじゃない。学級通信を書くならば学年通信として全学級に関係する内容にしてよ」と叱られました。

学年通信だと他の先生方や自分の学級外の保護者の反応が気になってしまい、書きたいことが書けないような気がしています。

【ワクワクの原理：事例①に対するアドバイス】

しばられるものなんて何もないですよ

こういった話はあるある話です。自分がワクワク感を持って取り組んでいることを否定されたり禁止されたりすると、落ち込んでしまうだけでなく、自分の「武器」を失ったような気持ちになり、「この後、どうしよう?」と先々まで不安な気持ちも湧いてきてしまいますよね。

「学級通信を出すな」というのは、**この先生の個人的な意見であり、学校（校長）の方針ではありません。**つまりはいけないことではないわけです。一個人の意見であなたのワクワク感を失う必要はありません。**あなたがワクワク感を失うことで、影響はあなたのみではなく、学級の子どもたちにも及ぶ**ことでしょう。「通信は私の学級経営に欠かせないツールですので、ご理解下さい」と言い切って継続されることをおススメします。

【ワクワクの原理：事例②】

おばけやしき禁止!?

学校祭という催しがあります。各学級で出し物（物販を行う、パフォーマンスを披露する、アトラクションを行う等）を企画し、地域の方々をもてなし、日頃の感謝を伝えるものです。

私の学級で話し合ったところ、「お化け屋敷をしたい！」ということで、学年の先生に伝えたところ「お年寄りが多いのに、お化け屋敷ねえ」と冷ややかな感じで返されてしまいました。押し通す力がなく、子どもたちに「別の企画を考えましょう」と伝えると、こちらもまた冷ややかな反応。子どもたちに折れてもらうような形でクイズ大会となりました。この判断で良かったのでしょうか。

【ワクワクの原理：事例②に対するアドバイス】

教師にしか叶えられない子どもの願いがある！

事前に学年にきちんと相談され、承諾を得てから進めようとしている姿勢がすばらしいと思います。子どもたちの楽しみを奪ってしまったかのような気持ちとなり、先生自身も落ち込まれたことでしょう。

私たち教員が大切にしなければならない考え方の一つに**「子どもファースト」**の考え方があると思います。**私たちにしか叶えてあげられない子どもたちの願いがあります。**

私ならば「お化け屋敷は確定↓学年会は『どのような点に気を付ければ良いか』という相談の場として活用↓指摘事項を子どもたちに再考させる」という道筋で進めていくでしょう。子どもたちと一緒に考えた対策案が承認された時の学級の様子……想像するだけでワクワクしてきませんか⁉

［ワクワクの原理：事例③］

職員で楽しいことをやってみたい！

ある学校では、運動会で「教員対子ども」でリレーをしています。

私は、学校の校務分掌では体育部会に所属しており、次の運動会を提案することになっています。私の学校でも「教員対子ども」リレーを企画したいのですが、ベテランの先生方から「それはちょっと……」と否定されそうで、なかなか提案する勇気が湧いてきません。あきらめたほうが良いのでしょうか。

【ワクワクの原理：事例③に対するアドバイス】

実現させるための How to がある！

「うまくいけば教職員の仲が深まる。けれど…」お気持ちよくわかります。〝初めて〟のことを提案する際は、誰もが緊張するものです。また緊張した状態だと、不思議と後ろ向きな考えが浮かんできてしまいますよね。さて、通るかどうか微妙な提案をする際には、**「学校のドンをおさえる」このことに尽きます。**多数決ではなく〝この人〟の意見で決まる。そんな方（ドン）が各学校におられることでしょう。ドンに先に根回ししておきます。根回しは**「〇〇先生だけにお伝えしておきたいことが」**から始め、許可をもらえたら**「〇〇先生に相談させてもらって良かったです」**の言葉で終えましょう。提案の際、あなたが窮地に立たされた場合は、あなたのことを守る立場で発言してくれることでしょう。

How to を活用して、あなたの「ワクワク」を実現させましょう！

ワクワクの原理
ただしここに注意！

【注意事項】

ワクワクする取り組みは積極的に進めていきましょう！　ただし、必ず「子どもの反応」と「あなたの立場」をふまえて最終判断を下してください。判断基準は次の2つです。

・自分のワクワクが子どもの「モヤモヤ」にならないか？

・自分のワクワクを貫き通すことで、周りの教員が冷ややかな目で見ていないか？

ワクワクに夢中になっている時は視界が狭くなり、周囲をうまく見渡すことができなかったり、反応を感じ取ることができなかったりすることがあります。

あなたのワクワクを実現させるためには周囲の協力と理解がないと進められないことを心がけ、適切に判断されることを祈っています。

[ワクワクの原理にまつわるエトセトラ]

大縄大会。20 人で一斉に何回続けて跳ぶことができるかを競い合う大会。記録は 1024 回。終わった後、泣きながら笑いながらすごい記録を喜び合う教員と子どもの姿……。

「自分もこんな学級をつくりたい！」その時に湧いた“ワクワク”をそのまま子どもたちに語り、私も取り組み始めました。

休み時間や放課後は全て練習の時間にあてました。最初は私の“ワクワク”で始まった取り組みも、「練習する時間もっと増やせない？」や「話し合う時間をどこかで取ってもらえませんか」「毎日縄跳びのことを嬉しそうに話してくれます。聞いていると私も何だか元気になるんです」等、いつの間にか子どもや保護者の“ワクワク”にもなっていました。

きっかけをくださった先生の前でのお披露目会。跳んだ回数、2443 回。時間にして 25 分。終わった後の姿は言葉で言い表せないものでした。あの時見た、あの時憧れた「あの」姿。ふりしぼって言えた子どもたちへの「ありがとう」の言葉。ふりしぼって伝えてくれた子どもたちからの「ありがとう」の言葉。“しなくても良い仕事”が生んだ一生忘れることができない宝物の話でした。

モヤモヤの原理

【どんな原理？】

スイスイの原理に当てはまる仕事ではない。かといってワクワク感も湧いてこない仕事。つまりは**教員が納得いかない「モヤモヤ」した想いを抱えて取り組まれる仕事**に対しては、思い切って手放しましょう！　というのがモヤモヤの原理です。

モヤモヤをどうクリアするかが、あなたの教員生活を楽なもの・幸せなものとするのか否かを決めると言っても過言ではありません。

例えばこんなとき

・勤務時間外にかかる仕事

・印刷や電話対応等、特定の人間でなくてもできる仕事

・誰のためかわからない学校の慣習事

［モヤモヤの原理：事例①］

土日出勤で教具作成

平日は何かとバタバタして、ゆっくりと学年で話す時間が持てない現状。学年主任の一言で、毎週の土日のどちらかで学校で打ち合わせをすることになりました。

確かに平日に打ち合わせをしていたら、帰宅時間は遅くなり、しんどくなるのでしょうが、かと言って休日の出勤も大きな負担です。学年の他の先生方もそれぞれにご家庭があり、「平日に遅くなるよりは……」という気持ちでおられるので、とてもじゃありませんが私から「やめませんか？」と言うことができません。

【モヤモヤの原理：事例①に対するアドバイス】

納得できないことはため込まないで、即相談

教員のブラック勤務が謳われている昨今。文部科学省もあの手この手を尽くして、何とか業務改善の見直しを施そうとしています。

そんなご時世の中で、土日出勤をほぼ強制に近い依頼をされていることに驚きが隠せません。**学年の先生もしくは管理職の先生に見直しを相談する**ことをおススメします。相談することで関係が悪化するような可能性がある場合は、「土日に出勤できない分、平日にできる仕事を割り当ててもらう」「土日の勤務を出勤扱いとしてもらい、平日に振替休日を取る」等、**ご自身と周りが納得して進められる案を示す**と良いでしょう。

【モヤモヤの原理：事例②】

解法や書き方を統一した指導

「割合では、この解法を子どもたちに示しましょう」

「ひっ算では定規を使わせましょう。使っていない場合は減点ということで」

考え方は人それぞれなはず。解きやすい方法も人によって異なるはず。答えが合っているのに〝指導した解き方を使っていないから〟〝定規を使っていないから〟で減点にするのはおかしいと思います。

［モヤモヤの原理：事例②に対するアドバイス］

「子どものためになるかどうか」を判断基準に

解法を統一することや採点基準を揃えることで、授業の進め方について学年での打ち合わせがしやすくなったり、保護者や子どもから申し出があったとしても学年として対応できたりする良さはあります。

しかし、**私たちが最も大切にしなければならない点は「子どものためになるかどうか」**ではないでしょうか。この事案で示されているとおり、子どもの思考は千差万別、一人ひとり異なります。つまり、誰かにとってわかりやすい解法は誰かにとってはわかりづらい方法であり、誰かにとって有り難い助言は誰かにとっては有り難くない助言なのです。

解法を統一すること、採点基準を揃える良さはありますが、統一されること・揃えることの短所にも着目し、子どものためとなる最善の指導が行えるように努めていきましょう。

【モヤモヤの原理：事例③】

膨大な量の印刷業務は誰がする⁉

休み時間に学年児童分の印刷をする業務が、私の学年の仕事（役割）として割り当てられています。

学年の子どもの数は約150名。複数枚にわたる時には、それだけで休み時間が終わることもあります。しかし、他の先生方は教務や研究部等、学校全体に係る仕事（役割）を担っていただいているので、文句は言えません。

【モヤモヤの原理：事例③に対するアドバイス】

業務の量は学校全体のバランスで判断！

印刷業務はいわば作業。確かに時間割調整や校内の研究の進め方といった学校全体に係る仕事ほど「クリエイティブさ」は求められませんが、時間と体力の面では印刷業務は大変な仕事と言えるでしょう。

事案に示されているように、学年という範囲だけで考えた際には、仕方がありません。ですが、学校という範囲に広げて考えると、**印刷という「作業」ができる人は校務員さんや事務職員さん等、他にもいらっしゃることでしょう。**教員でなくともできる仕事を教員がしなければならいのでしょうか。**少なからず、休み時間が取れないのはよろしくない職場環境**です。業務量のバランスは、**学年という狭い範囲で考えるのではなく、学校全体で考えたほうが良い**ように思います。

モヤモヤの原理
ただしここに注意！

【注意事項】

モヤモヤの原理に当てはまる仕事は、冒頭にも申し上げましたように「スイスイの原理」に当てはまる仕事ではないため、内容的には「しなくても良い」と判断できる仕事がほとんどです。だからと言ってすべて「しない」選択をして良いわけではありません。

- **・「する」意義が明確にあり、自分も納得できること**
- **・学校全体で見たときに、自分が務めるのが妥当と思うこと**
- **・「しない」ことで結局モヤモヤが残りそうなこと**

という仕事ならば、可能な限り「する」という選択をされた方が良いかと思われます。

ご自身の「楽」のみを考えて判断してばかりいると、いつのまにか子どもや保護者の不満が募り、教員としての「幸」は生まれてこないかもしれません。

適切な判断で教員としての「楽」と「幸」を手に入れましょう！

[モヤモヤの原理にまつわるエトセトラ]

初めての転勤。定時が過ぎてから当たり前のように行われる学年の打ち合わせ、休み時間と放課後まで拘束する学年活動、点数主義の評価方法……前任校との違いにモヤモヤ感をたくさん抱えた４月。尊敬する先輩教員に相談。

「気持ちはよくわかる。けれども転勤したばかりの１年目。感情で物を言わないように。『何よあの人は!?』で終わってしまう。１、２年は自分の仕事に真摯に向き合い、とにかく結果にこだわること。学級担任で学級が持てなかったり、不登校を続出させたりするような教員の意見には誰も耳なんか貸さないでしょ。子どもと一緒にいい学級を作って、いい授業を作る。それだけ。きっと１年、２年と繰り返したら周りも認め、あなたの考えを理解してくれるようになるよ」

「何を」言うのかはもちろん大切なことですが、「どんな人が」「どのタイミングで」「どんな風に」言うのかはもっと大切です。モヤモヤの原理で100％○だ！×だ！ という仕事はないと言っても過言ではありません。だから皆さんモヤモヤするのです。モヤモヤ仕事をジャッジするためにも、日々の業務に真摯に取り組むことは何より大切なことです。

球技大会決勝。後半残り1分。スコア1対1。「ハンド！　PK！」と審判。相手にPKが与えられ……敗退。教室に戻ると、全員が泣いていました。Aは自分勝手でわがまま、思い通りにいかなければ人や物にあたる、そんな子でした。静寂の中、「俺のせいでごめん」と涙ながらに呟いたA。みんながぐちゃぐちゃな顔のまま励ます。その光景がただただ嬉しかった。「お前の泣く姿は優勝よりも価値あるわ！」担任の言葉でみんな笑いました。

受験した学校に全て落ちたB。「先生、全部落ちた。」静まり返った教室。「良かったやん！」1人の子の大きな声。「だってさBは頭はいいし、性格もいい。この先の人生で『失敗』を経験しないわけよ。『失敗』を知らない人は魅力がない。いつも先生が言ってる言葉。」声の大きさとは裏腹にその子は泣いていました。Bも泣いていました。Bが何事にも一生懸命に取り組む性格であることはみんなが知っていました。前向きになってほしいと思って、Bはきっとだいぶ前から考えていたのでしょう。クラスみんなが泣いていました。

卒業式。AもBも「学校の先生になります！」と力強く宣言。「日野先生がそんなに良かったか?」「冗談交じりに聞くと、「違うし（笑）。こんな学級を作りたいから。」

2人の夢は今も変わらず「学校の先生」。教師っていい仕事です。

第3章

こんなときどうする？
事例Q&A

Q1 勤務校では、毎年、国語の俳句の単元で子どもたちの作品を新聞の応募に出しています。全員の作品をチェックし、選んで応募するだけでも大変ですし、せっかくだから選ばれるような作品を作らせようと、教師側に変な熱が入っているのも負担です。

●判定：ケースバイケース

●判定基準：モヤモヤの原理

新聞の応募は学校の文化・慣習ごとに当てはまります。この新聞社への応募の取り組みに何か教育的価値を見出されているのであるならば「する」であり、見出されていない場合は「しない」と判断されて何の問題もない案件です。

止めることができない理由があるのならば、「本質」を確認すると良いでしょう。始められた時はきっと子どものためになると思った理由があったはずです。子どもにとって良いと判断されたから始まったわけです。その当時のきっかけを知る方から本質に迫る話を伺い、その本質が現代の教育にはまるかどうかで検討されても良いように思います。そこまでされて下した決断ならば、きっと誰も何も文句は言わないことでしょう。

Q2

授業では単元ごとに目標管理シートを作成しています。子ども自身が毎時間の目標を意識しながら取り組めるので良いと思っていますが、毎年項目や内容を決めてシートの形に落とし込むのが大変です。使いまわせないため毎回1から作っていて時間がかかります。

●判定：する

●判定基準：ワクワクの原理

子どもにとって良いと感じておられることに対して〝止める〟決断は難しいですね。取り組まなくても良いことではありますが、子どものためになっていることならば、教員側のワクワク感は生み出されているのではないでしょうか。ワクワクの原理で「する」です。ご自身の「ワクワク感」よりもしんどさや大変さが上回った際には〝止める〟判断をされると良いでしょう。先生のしんどさや大変さが「元気がない姿」として子どもの目に映ってしまったのでは、それは子どもの喜びには繋がらないでしょうから。

Q3 勤務校が英検の集団受験の会場になった場合、土日でも手伝いに出なくてはなりません。会場設営から撤収までなので、ほぼ丸一日張り付きになってしまいます。貴重な土日、せっかく学校にいるならクラスや授業の準備をしたいのに……と思ってしまいます。

●判定：する

●判定基準：モヤモヤの原理×スイスイの原理

フローチャートから判断するならば、はっきりと「受けなくて良い仕事」となりますが、教育委員会の施策の一旦や、学校の方針として実施されているとするのならば、「受けなくてはならない仕事」となります。

ただし、英検は公教育ではないですし、地域やＰＴＡが絡んでいるものでもありません。学校との繋がりが感じ取りづらい事業ですので、管理職に相談すれば意外とすんなりと業務の見直しが進んでいくのではないでしょうか。

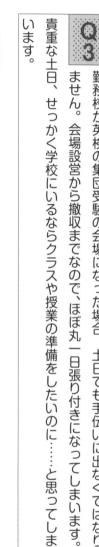

Q4 6年生を送る会で行う、教師からの出し物は必要なのでしょうか。学年末のただでさえ忙しい時期に、自分の学年の出し物の指導とは別に、放課後や勤務時間外に教師全員で集まって練習をする時間を取らなければならず、非常に負担が大きいです。

●判定：しない
●判定基準：ワクワクの原理

このお悩みの判断基準は6年生の喜ぶ顔が目に浮かび、あなた自身がワクワクするかどうか」。ワクワクしないのならば、教師からの出し物をなくした際に「モヤモヤが残らないか」となります。どちらの基準にも当てはまらない場合、出し物をする必要はありません。

個人的には「6年生の子どもたちが喜ぶ」ために全教職員が関わる必要は無いと思います。6年生に関わる先生方のみの出し物で十分に目的は果たされると思います。また、主役は6年児童であるのに教員の出し物があると、6年生の主役感が薄れる気がします。2つの判断基準が「しない」であれば、取り組まないで問題ないのではないでしょうか。

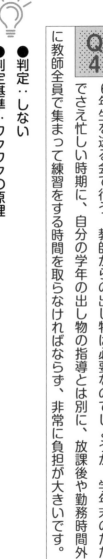

Q5 学校ホームページの学年ページの情報更新。週に数回更新がマストなため、授業の様子や学年の取り組みなどを都度アップしています。写真は顔にぼかしを入れ、記事は管理職からの承認をもらって公開。他の学年が編集中の場合、別の人が作業できないのも煩わしいです。

●判定：する

●判定基準：スイスイの原理

学年ページの情報更新は学校の方針であるため、悩まず「する」です。しかし、「週に数回」というところには違和感があります。保護者もそこまでの頻度を必要としているのでしょうか。「他の学年が編集中の場合、作業できない」ことを管理職と共有し、学年ごとに担当曜日等を決めて、週に1度程度が適切な頻度のように思います。更新される日が決められることで、保護者も子どもに関わる曜日や日付けだけを気にすれば良いので、逐一確認する必要がなくなります。これらの課題をもとに再検討されると良いと思います。

Q6 外部の講師を招いた授業。そこに至るまでの準備が大変です。講師のリサーチに始まり、アポイント、謝礼の準備や当日のタイムスケジュール、控室の準備、管理職や用務員さんへの報連相と、タスクが多すぎて自分で授業をやった方がマシだと思ってしまいます。

●判定：ケースバイケース
●判定基準：ワクワクの原理

ワクワクの原理に当てはまる相談内容です。する・しないの判断基準は、
①教師自身が、外部の講師を招いた授業にワクワク感を持っているか？
②「しない」と判断した時、子どもたちは残念がらないか？
いずれも「しない」ならば、しなくても良いと思われます。ただ、子どもたちは「非日常感」を好む傾向があります。普段と違う形式での授業が予定されていると喜ぶんですよね。ですので、私の場合は、多少の面倒くささはあるものの、「子どもが落ち込むかなあ」と判断し、「する」で対応していました。

Q7 音楽の時間で、楽器がうまく演奏ができない子への個別の指導が大変です。「できた！」が目に見えてわかるので、子どもの自己有用感の育成に直結しますが、自分がつきっきりになってしまうので、休み時間や放課後などの時間が取られてしまいます。

●判定：する
●判定基準：モヤモヤの原理

こういったお悩みよくわかります。ご自身の休憩時間を指導（仕事）にあてるわけですから、休憩時間が他で確保できないのならば、法律で定められている以上の勤務時間となってしまいます。スイスイの原理に従えば「しない」となります。

ですが、モヤモヤの原理に従うならば、明確に「したほうが良い」です。

確かに、時間を基準に考えた場合は「しない」と即判断できる案件ですが、「する」としたのは、

・「できた！」が目に見えてわかるので、子どもの自己有用感の育成に直結する→子どもの成長の場となること、自信がつく場であることがはっきりとわかっている
・自分がつきっきりになってしまう→仕事に対して、非常に責任感のある先生

このような先生の場合、この業務に向き合わなかった場合、「○○さんに悪いことをしてしまったなあ」「○○さんどんな気持ちでいるかなあ」と心の中にモヤモヤが残ってしまうことでしょう。やらないと後悔するパターンに当てはまり、最終的な判断として「したほうが良い」となります。

注意点としましては、一度引き受けた場合、例外を作ることが難しくなります。同じような事象や依頼があった場合には引き受けなければなりません。「あの子には指導していたのに、私には指導してくれなかった」となり、子どもや保護者との関係が悪化することにもなりかねません。今後のことをじっくりと考えた上で、判断されるのが良いでしょう。

Q8 廊下や教室の掲示物についてです。子どもたちの学習の成果なので、掲示すること自体は良いのですが、台紙を用意したり、1枚ずつ画鋲で付け外しをしたりするのに時間がかかります。また、掲示期間や掲示方法を学年で揃えているため、自分のクラスらしい掲示ができません。

●判定：する

●判定基準：モヤモヤの原理

保護者や管理職の目につく掲示物。他の学級と比較され、「どうして掲示物が他の学級と違うのか」と質問や問い合わせがある場合も。ですので「掲示物は揃える！」が学校の慣習のようになっています。学校の文化ならば、**フローチャート**での判断基準は、

・単なる学校の慣習なのかどうか

となります。

では、「掲示物の足並みを揃えること」にどんなメリットや意味があるのか考えてみましょう。

一つ目は、「掲示物の内容を一人で考えなくて済む、作らなくて済む」ということでは

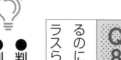

ないでしょうか。いざ掲示！　となっても「何を掲示すれば良いのだろう？」と悩んでしまうものです。大きな掲示物となると、一人では作成に時間がかかってしまいます。学年で掲示物を揃えるとなれば、当たり前ですが、一人で悩むことはありません。作成も複数で分担して進めることができるため、一人で進めるよりも大幅に時間を削ることができます。結果的に作業にかかる時間が短縮され、早く仕事を終えることができます。

２つ目は、揃えることで冒頭のような「批判や疑問はなくなる」ということです。足並みを揃えずに作成した作品が、他者からは突拍子のないものに映ったり、見栄えとしていまいちなものとなったりした場合、「どうして掲示物が他の学級と違うのか」や「私たちのクラスも隣のクラスが作ったものを作りたかったなあ」などの保護者や子どもたちの声が聞こえてくる可能性があります。作品に学級や先生の個性を出すことは難しくなりますが、揃えることで批判はなくなり、余計な対応や思いはしなくて済むようになるでしょう。

以上の2点を踏まえますと、「掲示物の足並みを揃えること」は単なる学校の慣習ではなさそうです。メリット面に着目し、納得した上で気持ち良く「足並み揃えて」掲示をされてみてはいかがでしょうか。

Q9 夏休みの宿題で出した各種コンクールに出す作品を選ぶのが大変です。ポスターや工作は基準に合っているか確認しなければいけないし、読書感想文は全員分読まなければ……毎回、締め切りぎりぎりになってしまい、夏休み明けから毎日のように残業です。

●判定：する

●判定基準：スイスイの原理

どの作品も子どもたちの想いや努力が伝わってくるものばかり。そんな子どもの想いがつまった作品の中から「選ぶ」という作業は、大変な重圧のかかる仕事です。時間がかかってしまって当然です。しかし、学校の方針で取り組まれていることですので、スイスイの原理で「する」という判断となります。私も選定は学級の子どものことをよく知る学級担任がするのが良いのではないかと考えています。理由としては、

①家族の様子を把握できる　②子どもの新たな一面を知ることができる　③癒やされる

の3点です。

①家族の様子を把握できる

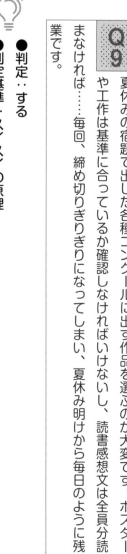

担任をしている時、親御さんや家庭の様子を思い浮かべながら対応することでうまくいったことが往々にしてありました。しかし、夏休みに入るまでに子どもの家族の様子を知る機会といえば、「家庭訪問」と「個人懇談」くらいしかありません。夏休みの作文や作品、写真等は、親御さんや家庭の様子を知ることができる貴重な機会です。

②子どもの新たな一面を知ることができる

選定を通して「(作文等から) こんな優しい一面があったのかあ」とか「(写真等から)家庭ではこんな表情を見せるんだね」等、子どもの新たな一面を知る良き機会です。

③癒やされる

読書感想文を読みながら「自分もこの本読んでみよう」や献立コンクールのアイデアを見ながら「今度この料理を作ってみよう」などワクワクが湧いてくる癒やしの時間です。

コンクールに向けた作品の中には、家族の協力を得ながら進めてきたものもあります。選考から漏れた際に、学級担任が選考の経緯や観点を把握していなかったとなれば、保護者や子どもとの関係悪化に繋がるかもしれません。そういった観点からも、各種コンクールの作品選定は学級担任がされることが望ましいでしょう。

Q10 市区町村のICT推進校に指定されていて、実践報告のレポート作成を行っています。レポートを作成するために様々な場面でICTを取り入れるだけでなく、その実践を他の学校でもできるように指導案の形に落とし込んで作成しなければならず、非常に大変です。

●判定：する

●判定基準：スイスイの原理

市区町村の教育委員会がこのような推進校を設定する際には、「うまく進めていく方法を検証してから、全体に拡大していく」という目的のもと、

・市区町村全体としてどんな課題があるか
・課題解決にかけられる予算（お金）をどう使うか

といった様々な面から検討します。予算（お金）は税金や国等の補助金からなり、無駄遣いは許されません。そこで、教育委員会が管理職や担当教員の顔を思い浮かべながら、スムーズに検証を進めてくれるであろう学校を推進校として定めます。つまり、選ばれた学校・担当者は、最新の教具だったり、方法だったりを上手く活用し、成果を挙げてくれ

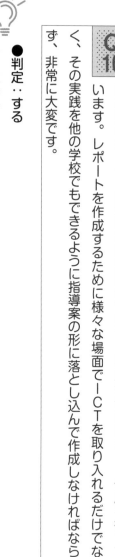

ると期待された学校・担当者なわけです。市区町村の〝期待〟や〝希望〟と言っても過言ではありません。

そんな期待と希望の学校・担当者が、適切に予算を執行できたのかということを教育委員会は議会等を通じて市区町村民に説明しなければなりません。その際に大切になってくるのが学校・担当者からの報告書です。「たかが」と思われている報告書は実は非常に重要なアイテムなのです。

話を整理します。税金を用い、市区町村として進める重大施策の一端をあなたの学校が担いました。また、担った以上は成果を挙げなければならない中で、あなたが担当者として指名されたわけです。校内で最も信頼ある教員であると判断されたわけです。あなたの作成する報告書次第で市区町村の教育に係る施策の方向性が決まっていきます。大きな責任を伴う仕事を受け持ったことにどうか「誇り」を持っていただき、「市区町村の方向性を決める重要な報告書である」という認識を持って作成に勤しんでいただければと思います。

Q11

夏休みの水泳教室は教員で回しているため、ほぼ毎日プール当番が回ってきます。受付、プールサイドでの安全管理、準備や片付けなど暑い中やることが多く、終わる頃にはへとへとになってしまいます。本音は、2学期に向けた指導案作りなどに時間を割きたいです。

●判定：する

●判定基準：スイスイの原理

夏休みの水泳教室。暑い中、少ない人数でかつ数時間にわたり子どもを指導する。水位調整や塩素剤の投入等のプール管理もしていかなければならない。終わった頃にはへとへとで、午後からの仕事が仕事にならない状況が生まれる、大変な仕事です。

さて、水泳教室の仕事ですが、学習指導要領に定められているものではありませんが、おそらくは自治体や学校の方針で進められている事業ですので、「する」の判断になります。回数等の実施内容の見直しが妥当なところでしょうか（ただし、見直しも主催者が市区町村教育委員会なのか学校なのかで夏休みの水泳教室事業の見直しの難易度は変わってきます）。

主催者が教育委員会の場合は、全体に同じ実施内容・方針で学校に下ろされてきます。学校に「受けない」という選択肢はありません。先生方の負担軽減を求めて実施内容・方針を見直すためには、各校（校長会等）で揃った見解を持つ↓校長会等から教育委員会に要望する↓教育委員会で検討するという段階を踏みます。時間がかかりますし、全体に関わることですので大きな変更を望むことは難しいでしょう。

主催者が学校の場合は、校長が実施内容・方針を決めます。実施内容・方針を見直すためには、職員会議等で案件として諮り、校長が「実施内容を見直す」と判断すれば、判断した内容がそのまま学校の夏休みの水泳教室の実施内容となります。実施していたことを急になくす等の極端な提案内容でない限り、見直されるハードルは低いと言えるでしょう。

一方で、回数が少なくなる・実施がなくなるとなった場合の子どもの反応は頭の片隅に置いておきましょう。子どもの参加率も低く、教職員の負担が大きかったというのならば何の問題もありませんが、多くの子どもたちの笑顔を奪うものになってしまうのならば……そういった点も含めて、実施内容の見直しがなされると良いですね。

Q12

朝や休み時間は宿題チェックや授業準備に時間を使いたいのに、毎日のように子どもへの指導に時間を取られてしまいます。当人同士で解決できるようなレベルの話も担任に言ってきます。しかし、対応しないとクレームに繋がるので無視することもできません。

●判定：する

●判定基準：スイスイの原理

「さぁ丸付けを！」と覚悟を決めて赤ペンを持ったところに、「先生～！」と助けを求めにやって来る子どもたち。先生と子どもの関係が良好でないと生まれない光景です。うれしい悩みだと思いましょう。

「休憩時間は放課後（子どもの下校後）にまとめて取ってくださいね」とされている自治体・学校が多いのではないでしょうか。ならばスイスイの原理で「する」となります。とはいえ、業間休みぐらいしか丸付け等の事務仕事はできないわけです。かと言って、休み時間にトラブルが起きれば対応しなければなりません。私の場合は、トラブルに対応する・しないことに頭を悩ませるのではなく、休み時間にトラブルが起こらない方法の開発に努めました。以下に開発した方法をご紹介します。

私は、業間の5分休みと給食準備中は宿題の丸付け、テストの採点時間にあて、中休み・昼休みは子どもたちと遊ぶ時間としました。5分休み・給食準備中には、机に「仕事中！」という札を立て、札が出ている間は先生に話かけてはいけないルールを設定していました。また札の裏面には「5分休み・給食準備中に丸付けや採点が終わらなければ遊べません」とも書き記していました。一緒に遊びたい子どもたちは必死にルールを守り、先生の休み時間を守るため、休み時間のトラブルもほとんど起きませんでした。

まとめます。休み時間の子ども同士のトラブルには対応したほうが良い。けれども対応ばかりでは必要な事務仕事ができない。ならば休み時間にトラブルが起こらない方法を考えましょう。私の場合は、「中休みと昼休みは遊ぶから、業間休みは仕事時間にします！」戦法を考案しました。それぞれの先生に合った休み時間確保法を考えてみてはいかがでしょうか。

Q13

市区町村単位の分科会や主任の会議が定時以降に設定されています。放課後は校内や学級のための時間を取りたいのに、指定された場所への移動時間、話し合いの時間に放課後を取られてしまいます。役目が回ってきた人が損な雰囲気があります。

●判定：しない

●判定基準：モヤモヤの原理

この質問に対する回答は至極シンプルで簡単です。労働基準法に示されている時間外のことですから、モヤモヤの原理で「しない」で何の問題もありません。市区町村単位の会議と言えども、各教育委員会事務局がそのような〝違法〟なことを承認しているとは思えません。これらの会議の存在を把握していない可能性があります（教職員の自主的な研究会などが主催の場合はまったく別で、教育委員会事務局は絡んでおらず、把握していないことがよくあります）。今一度、管理職にご相談下さい。

さて、今回のお悩みは割と大きな規模での会議ですが、○○担当者会や学年打ち合わせ等、時間外に設定される会議は校内にも多く存在しているのではないでしょうか。理屈は同じで、勤務時間外ですから、基本的にその時間帯に設定されていること自体がおかしい話であって、参加を求められても断る権利は当然あります。

ひと昔前。土曜日も通常通りの授業が行われていました。教職員手当４％の定額働きたい放題の考え方は当たり前でした。残業も当たり前でした。働き方改革と謳われ、世相が急激に大きく変わったのはここ数年の話です。時間外に会議を設定する先生方の中には、信念とかではなく、こうした急激な変化に対応できていない……という方もいます。なので、断る際にはそういった先生方の「戸惑い」に寄り添って、今の流れや考え方を踏まえ、丁寧な説明を付け加えると良いでしょう。

「先生の言われている会議はとても大切だと思いますので、全員が集まれる時にしましょう。ただ時間外だと各家庭の事情があり揃わない状況ですし、定時内で設定してみますね」のように、畏敬の念と提案を同時に伝えられると納得も得られやすいかと思います。ぜひ、実践してみて下さい。

Q14 行事が終わった後の飲み会は、毎回幹事を立てて開催します。幹事になるとお店に個室があるかどうかの確認、予約、先生方の出欠、予算に対してのメニュー決め、当日のスケジュール組み、司会……とやることが多すぎて大変です。

●判定：しない
●判定基準：モヤモヤの原理

コロナで一旦終息に向かった親睦会ですが、復活傾向にありますね。学校によっては親睦費として毎月積み立てられているようなところもあります。**フローチャート**に基づいて判断していきます。

親睦会幹事の仕事は、学校の慣習なので、モヤモヤゾーンに入ります。モヤモヤゾーンの仕事について判断するにあたっては、「慣習は大事だけれども、子どものためになっていない意義のない慣習ならば打ち破ろう！」という強い意志や、「私が幹事をするのが妥当だな」といった前向きな気持ちが必要となってきます。質問を拝見するに、親睦会幹事の仕事に対して、前向きな気持ちはお持ちでないようです。よって「しない」という判断で問題ないかと思います。

私事の話。一年間、担任業務を外れた年がありました。行事ではタイムキーパー等の裏方の仕事が中心。やっぱり担任をしていた頃とは達成感が違います。そんな中で「打ち上げ！」と言われても……という思いで、遠慮無く欠席させていただきました。

復活傾向にありますと記しましたが、コロナを機に親睦会の実施を見直した学校もあります。親睦会という文化を好まない人が増えてきていますし、担任外には私と同じような考えを持っている人もいることでしょう。親睦会に対しモヤモヤを抱えている人は、きっと多いはずです。「親睦会に全員参加しなければならない」は、もはや古い考え方だといっても過言ではありません。親睦は飲み会や食事会がなくても、日頃の何気ない会話やあいさつを通して深めることもできます。

そう考えますと、幹事の仕事について疑問を持つ前に、親睦会の在り方そのものについて疑問を持っている方すらいらっしゃることでしょう。幹事の仕事についてももちろんですが、親睦会の在り方についても学校全体で考えて良いタイミングなのかもしれませんね。

Q15 いじめの早期発見に向けて、アンケートを実施していますが、市全体のもの、学校独自のものなど、実施者が複数あるため、児童も呆れてしまうほどの回数になっています。些細なことでも聞き取りをしなくてはならないため、貴重な休み時間が削られてしまうのも辛いところです。

●判定：する

●判定基準：スイスイの原理

アンケートは教育委員会や学校の方針の下で実施されているものがほとんどです。スイスイの原理で「する」です。

ならば、このアンケートに対する私たちの意識を変えていかなければなりません。つまりはアンケートの実施は子どもたちにとって、私たちにとって価値があるものであると。

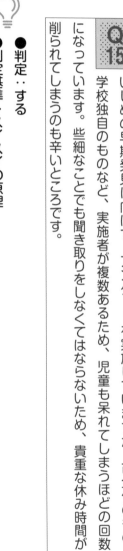

いじめ。**「児童生徒が行う心理的又は物理的な影響を与える行為（インターネットを通じて行われるものを含む。）であって、児童生徒が心身の苦痛を感じているものをいう。」**

（いじめ防止対策推進法第二条　内容抜粋）

かつてのように、集団で一人を殴り、蹴ってケガをさせるという事案だけがいじめではありません。今や、いじめは顕在化されず、子どもが「いじめです」と言ったら、それはいじめと認定されます。子どもがいじめを訴えた際には、教育委員会や第三者機関が対応していくわけですが、「児童生徒が『いじめ』を訴える機会や学校側が把握する機会は設定されていましたか?」ということは必ず問われます。その際に「『訴えるように』と常に伝えていました!」や「しっかりと見ていました!」では根拠がなく、いくら一生懸命に対応していたとしても、「学校は何も対応していなかった」と不本意な判断をされます。

前述したように、顕在化しないのが現在のいじめです。先生方が子どもを観察していても「見えない」のです。もっと言えば、先生方がどれだけ丁寧に対応されていたとしても、いじめは起きていると思ったほうが良いでしょう。

では、「児童生徒が『いじめ』を訴える機会や学校側が把握する機会は設定されていましたか?」この問いにどう回答したら良いのでしょうか。「定期的なアンケート」で根拠を残しておくしかないのです。少なからず「学校は何の対応もしていなかった」という不本意な判断はされません。面倒ではありますが、学校を守ることができる唯一の手段であるとプラスに捉え、前向きに取り組んでいただければと思います。

Q16 夏休み期間の土曜にＰＴＡ主催の奉仕作業があり、地域の清掃を行います。教員も基本全員参加です。中心となるのは保護者ですが、教員も子どもたちへの指導や準備・片付けを積極的に行うため、負担に感じます。せっかくの夏休みの貴重な土日がつぶれることに不満です。

●判定：ケースバイケース

●判定基準：モヤモヤの原理×スイスイの原理

土曜日だとしても、ＰＴＡ主催の会という観点から、「学校の文化や慣習」に当てはまります。**フローチャート**の通り「単なる慣習」として残っているならば破って良い（参加しなくて良い）ものです。そもそも「奉仕作業」と銘打ち、教職員の出務が「ねばならない」感じになっていることに違和感があります。また「断りづらい」「参加しないと周りの先生方の反応がこわい」といった気持ちを抱くような職場となっているならば、それはそれで問題です。管理職に相談されてみると良いでしょう。

一方で、学校側から「地域との関係性を築くため」等の理由があり、方針に近い形で打ち出されている場合は、参加しなければならないものとなります。そんな場合には振替の休みをきちんと取り、気分転換を図ることでモヤモヤを解消してください。

そうは言っても……と言われそうなので、先に申し上げておきます。教員をされている方は責任感の強い方が多く、休むということに対して後ろめたい気持ちになったり、周りも厳しい目で見たりしがちです。まずはそうした環境を改善することから始めなければなりません。

私がもし今回の奉仕活動のように、土日・祝日の出務をお願いしなければならない担当となった場合は、次のような手立てを打ちます。

・出務依頼と出務希望表と共に、振替日希望調査表もセットで用意する
・振替日希望調査をもとに、職員の振替休日が重ならないように調整する
・当然、実施する際には、管理職に相談し、提案も管理職からしてもらう

皆さんが平日休みの楽しさや幸せを味わうことができたならば、教職員の休日出務に対するモヤモヤ加減は減少することでしょう。

それぞれの学校に合ったモヤモヤを残さない方法を教職員全員で考えていけると良いですね。

Q17 放課後の子どもの行動で学校に苦情が入った時の対応。謝罪し、聞き取りをする時は正直、憂鬱です。学校を出た後は、本来は家庭の範疇だと思いますが、現場まで行って確認し、子どもがいればその場で指導、いなければ翌日全クラスで聞き取りと指導、と時間もかかります。

●判定：しない
●判定基準：スイスイの原理

「公園で児童が騒がしくしています。何とかして下さい」「道路いっぱいに広がって自転車をこいでいます。何とかして下さい」これらの苦情についての結論は、「対応する必要はなし」です。理由は次の3つです。

一つ目。学校の敷地内、就業時間内の出来事への対応が教員の仕事だからです。就業時間外、学校の敷地外のことにまで踏み込めということになると、習い事での他校の児童とのもめ事や、交通事故等にも対応しなければならないことになってしまいます。習い事でのもめごとは習い事先が、交通事故等の対応は、所管の警察が行う。当然のことです。

二つ目。学校の近場で担当学級の子どもたち同士が何らかのトラブルに巻き込まれた、トラブルを起こした場合はどうでしょうか。結論。それでもあなたが動く必要はありません。就業時間外の出来事に学校が入るべきではないことは先ほど説明しましたが、さすがに目と鼻の先で起きた事案ならば見て見ぬふりはできないでしょう。その場合でも対応するのは担任レベルでなく、管理職と生徒指導担当者が対応すべきであると考えます。一人に負担がかぶらないように「校務分掌」というものがあり、生徒指導担当者は学校全体に係る事案全てに関わるため、他の教員よりも授業時数が少なく設定されています。責任感の強い教員のこと。何もかもやらなければ！と思いがちですが、「割り切る」「分業」を意識することを心がけましょう。

三つ目。一例を作ってしまうと、二例目以降すべて対応しなければならなくなります。保護者の情報網はなかなかのものです。「共有されていないことはない」くらいに思っておいたほうが良いでしょう。「あの子の時は動いてくれたのに、私の子どもの時は動いてくれない」なんてことにならないように、割り切ることは後々のご自身の身を救うことにも繋がります。

Q18 学年で、連絡帳代わりに週の予定や宿題を載せた学級通信を毎週出すことになっているのが負担です。時間割だけでなく持ち物や学習内容も記載するので、枠はあるとはいえ結構な量の打ち込み。おまけにクラスの様子や子ども・家庭へのメッセージも盛り込むので、かなり時間が取られます。

●判定：ケースバイケース

●判定基準：モヤモヤの原理×ワクワクの原理

学級通信といえども、学年で揃えて取り組んでいるのですね。学年の取り組みですから当然、学校の方針ではないわけで、**フローチャート**で見た場合は、モヤモヤゾーンに当てはまります。となりますと判断の基準は、

①あなた自身が学級通信にワクワク感を感じているか
②感じていないのならば、子どもたちが学級通信を楽しみにしているか
③学級通信を出さなければモヤモヤが残るか

どれにも当てはまらない場合は、「しない」で問題ありません。学年の先生方に負担になっていることを素直に伝えると良いでしょう。もしも伝えづらい環境、または伝えることが

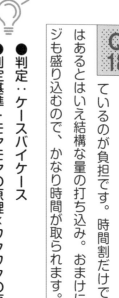

苦手なのでしたら、①②のように学級通信があなたにとって、子どもにとって魅力あるツールにして継続していく必要があります。

私の話。「中学年になってから学校の様子を話さなくなってしまって。子どもたちの様子を通信でお知らせしてもらえないでしょうか」と保護者からの要望があり、学級通信づくりを始めました。ペースは1週間に1回程度。文章等を書くこともありましたが、基本は学級の様子がわかる写真に一言コメントを添えるだけ。通信を出す前は、学校の取り組みが子どもから保護者に伝わらず、誤解を招くことがしばしばありました。電話等でお叱りを受けることもありました。それが、通信を出すようになってからはめっきりとお叱りの電話が減り、通信の価値を知ることができました。保護者からも「ありがとうございます」の言葉をいただくようになり、学級通信は私にとってなくてはならないツールとなりました。

このように、先生自身が「出したい」と思えるような通信を作成することで、通信の価値を実感することができ、通信作成にワクワク感を見出すことができるかもしれません。

Q19

集金や会計は未だに子どもたちに現金を持たせて、一人ずつ中身を確認して、職員室まで運んでいます。万が一にも紛失があれば教員の不祥事になってしまうので、気をつかうし時間もかかります。消費税も中途半端なので、学年会計は数円の誤差が出るのも面倒です。

●判定：する
●判定基準：スイスイの原理

自分が初任だったおよそ20年前はまだ現金で集めて作業していました。しかし、これだけ振込制度が整ってきた現在も現金を取り扱うなんてことがあるんですね。このあたりは教育委員会に整備を急いでいただきたいものです。そんなことをここで申し上げましても何の解決にもなりませんので、**フローチャート**をもとに確認していきましょう。

まずこれは間違いなく、教育委員会の方針で進めているものですから、個人で悩んだところで解決する問題ではないため「する」の仕事となります。ただし、集金後の流れについては校内で改善できることですので、変わればラッキー程度に改善法を学校に示されてみてはいかがでしょうか。

例えば、

①お金のことに関することは事務職員に全て任せる。担任の業務は集金まで
②事務職員は各校に配置は1名程度。①だと業務内容は事務職であるが、業務過多と言われる可能性も。そこで、授業時数の観点から専科・担任外の教員を学年付けにして、学年の事務作業を一手に担ってもらう
③教育委員会や管理職から手紙にてお金に関することの責任は教育委員会・管理職に全ての責任がある旨を周知する

①②は実際に取り組んだことがある例です。

③については、極端な例ですが、これだけ「教員のなり手がいない」や「働き方改革」が謳われている今、現金の集金・会計を学級担任に任せていることには違和感しかありません。教員がすべき仕事ではなく、教員ならではの仕事でもないように思います。管理職に相談され、改善が図られることを願っています。

Q20

卒業式などの儀式的行事が、いつまで経っても形式ばって長時間なことにモヤモヤします。準備にも時間がかかるし、「立ったり礼したりしてるだけじゃん」と子ども自身も意義を見出しにくいので、指導もしづらいです。

●判定：する（ただし見直す）
●判定基準：モヤモヤの原理

卒業式などの儀式的行事の実施は、学習指導要領に明記されているものであるため、スイスイの原理においては無論「する」です。しかし、実施の具体的な内容については各学校に裁量権があるため、「学校の慣習・文化」に当てはまります。モヤモヤゾーンですね。意義がない「慣習」ならば改善する必要があります。

コロナ禍の際に、ある学校は卒業式の来賓の数を減らし、呼びかけの言葉をなくし、歌うことをなくしました。現場では「そんなことが卒業式と言えるのか！」と嘆く教員もいたと聞いています。

一方で、「時間が短縮され、式がすっきりとした」と好感を持った保護者も少なくなかったと聞いています。

コロナを機に様々な行事が見直され、見直されたことによるすっきり感が好評で、コロナ禍での取り組みを継続している例は数多くあります。一例を紹介します。

・運動会、体育祭の種目の精選、観客の入れ替制
・集団での登校・下校の見直し
・朝会系、始業式・離任式等の儀式系のオンライン化

本質のない形骸化されているものを見直すタイミングとしては、今が絶好の機会ではないでしょうか。時間の問題はもちろん、毎年同じ言葉が繰り返される呼びかけの言葉、来賓のあいさつの度に立ったり座ったりが繰り返される行為等、見直されるべき事項はたくさんありそうです。

子どものためにも、新たな「令和」の卒業式を、教職員で力を合わせて作ってみてはいかがでしょうか。

Q21

「〇〇小学校のきまり」という名目で、子どもの持ち物や服装、身だしなみの規定が細かく規定されています。けがやトラブル防止のためであればいいのですが、私服でも「洋服の裾を中に入れる」「前髪は目にかからないようにする」「髪の毛の色は……」と、今の時代必要か？と思う内容も多いです。

●判定：しない（なくしてよい）
●判定基準：モヤモヤの原理

「ポロシャツの下には、白地の肌着を着用する」「髪型の指定」等、理由を説明できない校則については、文部科学省でも令和4年の12月に教員向けの手引き「生徒指導提要」を改訂するなど動きを見せています。

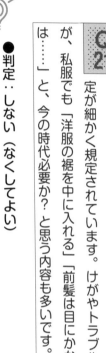

校則について確認しておきましょう。文部科学省は次のように定義しています。「校則は、学校が教育目的を実現していく過程において、児童生徒が遵守すべき学習上、生活上の規律として定められるものである。」とされています。つまりは、各校で定めているものであり、校長の判断でいくらでも変えることが可能なものなのです。

昨今の国の動向等を踏まえ、職員会議で取り上げる等して、校長が校則変更に対し理解を示しさえすれば良いのです。教員のみの意見ではないということを示すためにも、保護者や児童生徒に実施している「学校評価」等を活用するのも一つの手です。児童生徒・保護者の声は校長の判断に非常に大きく影響されます。丁寧に一つずつ課題をクリアし、子どもたちにとって過ごしやすい学校を作っていきましょう。

（以下、校則の見直し等に関する取り組み事例について～一部抜粋～ご参考まで。）

【公立中学校における校則取り組み事例】

（生徒間における校則についての議論）

・校則の見直しのため、各学級で校則の見直してほしい箇所、学校生活上のルールで変更してほしいことを議論

・生徒総会で校則を議題に取り上げ、生徒間で協議を実施。協議を踏まえ、生徒会から学校側へ校則の見直しに関する要望を提出

（生徒の要望を踏まえた校則の見直し）

・生徒たちの要望を踏まえ、学校側でも校則の見直しについて協議し、身なり等に関する校則を改定

Q22 「教員採用試験を受けるつもりがない」と明言している実習生の指導に悩みます。明らかに子どもへの指導や授業づくりにも力が入っていません。本人が教職を目指していない以上、最低限の指導で済ませるべきか、真摯に指導すべきか悩みます。

●判定：する

●判定基準：モヤモヤの原理×ワクワクの原理

教育実習生を受け持つことは公務ではありません。モヤモヤゾーン確定の業務です。

ですが、すでに実習生を担当されているということは、

①「教育実習生を受け持ってもらえないか」という管理職からの依頼に対し、ワクワク感を見いだせるかどうか

②ワクワク感が見いだせないとするならば、教育実習生との出会いに子どもたちが喜ぶイメージを持つことができるかどうか

③断ったとしてもモヤモヤは残らないか

のどこかの判断基準で「する」という判断をして、引き受けたはずです。としたならば

原点に返り、

①先生自身のワクワク感を高める方向に持っていく
②子どもたちが教育実習生との出会いを「良かった！」と思える方向に持っていく
③先生自身が後悔なく終わるためのゴール像を再設定する

のいずれかを達成することを目標にされるのはいかがでしょうか。

①ならば、「私たちとの出会いを機に『教師』という職もいいものだなあと思わせて終わらせたい！ならば、あんな手やこんな手を使って……」という視点を持って指導する。

②ならば、キャリア教育の一環として、実習生に「どんな人生を歩んできたのか」「なぜ教育実習を受けようと思ったのか」「将来の夢は」等について、子どもたちに向けて話をしてもらい、子どもたちが将来に向けて考える一つの機会とする。

③ならば、教育実習生に子どもの貴重な時間に関わっているという自覚を持たせ、これからを生きる「社会人」としての振る舞い方を学ぶ機会と捉え直し、指導する。

気の持ちようで当初のあなたの想いは実現できるはずです。心折れずに、ご自身の「成長」の良き機会と捉え、がんばってみてください！

Q23

地域のお祭りへの参加。お神輿を担いだり、お囃子などの子どもの出番を確認し、各町内を見て回ったりと、ほぼ一日拘束されます。地域の方も大切にしているお祭りではあるし、顔を出すと保護者との距離も縮まるのですが、貴重な休日を削ってまで参加すべきか……とモヤモヤします。

●判定：しない

●判定基準：モヤモヤの原理×ワクワクの原理

まさにこういった相談のためにこの本ができたといっても過言ではない相談事です。

各都道府県等における勤務時間条例・規則で「土曜日及び日曜日を週休日とする」としっかり明記されているわけですから、**フローチャート**を活用すれば「行かなくて良い」という判断になります。

しかし、ご質問では、祭りの場に〝保護者との距離が縮まる〟といったメリットを感じられています。**フローチャート**中段のワクワクの原理にある「保護者の信頼が獲得できそうなこと」に当てはまります。どちらの判断基準を優先させるか？ということになりますが、この場合は折衷案で進めてみてはいかがでしょうか。

①出務という点ではきちんと断る
②保護者との距離を縮めるために祭には出務ではないが、参加はする
③適当な時間で帰宅する

これならば、モヤモヤを残すことなく目的も果たすことができますね。

ちなみに私は、祭に関する休日出務はしませんでした。管理職からは「祭はあなたの自顔を売る場であり、地域と繋がる良き場だよ」と説明を受けましたが、自分の顔を売ることができる場は、何も祭だけでないと思っていましたし、地域と繋がる場は他にたくさんあると思っていたからです。

人や考え方によって判断が異なる難しい事案の一つです。**フローチャート**と向き合って適切にご判断されることを願っています。

Q24

勤務校では、4月1日に担任発表がされた後に新しい教室の準備を始めることになっています。掃除や備品のチェックだけならいいのですが、ロッカーや机に傷んだ箇所がある場合、自分で修繕をします。新学期まで3日ほどしか猶予がない時期にこれに当たると本当に大変です。

●判定：する

●判定基準：スイスイの原理

「次に使う学級の教室掃除は、次の担任が行ってくださいね」はよくある話。その上で、お悩みは傷んだ箇所の修繕作業ですね。原理に従いますと、学校の方針として決められていることですので、スイスイの原理に当てはまり「する」となります。ただしモヤモヤ感は拭われないですよね。どうせなら〝修繕〟をゲーム化して子どもたちとの関係を深められる機会と捉え、取り組まれてみてはいかがでしょうか。

私の話。始業式までに教室の荷物を新しい教室まで移動しなければなりませんでした。結構な荷物の量ですので、春先にも関わらず先生方は汗だくになって運ぶわけです。私は、次に使用する学級担任に許可をもらい、荷物を教室後方に固めて置いておきます。

日野学級の学級開きは、「はい、先生の荷物運搬から始まりまーす!」と、前年度使用していた教室に行って、自分の荷物を子どもたちと一緒に運ぶことから始まります。取り組む理由は次の３つ。

①堅苦しい雰囲気を取り除く
②荷物を渡す際に子ども一人ひとりと会話する
③学級皆で取り組むことを通し、一体感を生み出す

学期始めは独特の雰囲気があります。緊張で風音や雨音が聞こえるぐらい静まり返っています。そんな雰囲気を吹き飛ばすには身体を動かすことが一番。作業を共にすることで子どもたち同士の会話が自然と生まれます。

話が長くなりました。「教室が気持ちの良い場所となるように、傷んでいるところを見つけましょう! 見つけるごとに1ポイント! 直すことまでできれば5ポイント!」というゲームに変えることで「今年の先生、学級はとても楽しそう!」と喜んで初日を終える子どもたちが続出するのではないでしょうか。

Q25 職員会議で全員分お茶出しをするのが慣習です。あらかじめポットで大量に準備して、人数分のコップを会議室に運んで、終わったらコップを洗って拭いて棚に戻すところまでがセットです。若手の先生が手伝ってくれますが、毎回時間を取ってしまって申し訳なく感じます。

●判定：しない（するの方向にもいける）
●判定基準：モヤモヤの原理

少し悩みましたが、相談内容は学校の方針というよりは学校の慣習として捉えて大丈夫かと思われます。ならば判断の基準は次のとおりとなります。

①「全員分お茶出し」が単なる慣習なのかどうか→慣習である
②単なる慣習であるのならば、先生自身がお茶出しに意欲や納得感を持てるかどうか
③断る際にモヤモヤが残るかどうか

ご相談の文面からは「全員分お茶出し」に意欲を感じられませんので、②の判断においても「しない」となります。最後は断った後にモヤモヤした気持ちが残るかどうかです。モヤモヤが残ってまで断りたくないということであるならば、次のような提案を管理職に

してみてはいかがでしょうか。

・市からの学校への配分予算が減っている。職員の平均年齢が下がってきたことに関係があるのかわかりませんが、お茶の残量も増えている。これを機にお茶代を違う用途に回してみませんか。↓お茶出しそのものを廃止
・多くの先生方がお茶出しを手伝ってくれます。常々申し訳ないと思っており、それならば輪番制のほうが良いように思うのですが、いかがでしょうか。↓負担軽減

業務量から見ても、多くの先生方が気の毒に感じておられると思いますし、先述の要望を管理職が受け入れないことも考えづらいので、少なからず今の状況よりは改善されると思われます。

ちなみにですが、学校の形骸化されている慣習ごとは、管理職が変わるタイミングで提案すれば大概のものが受け入れられます。着任早々の相談事を無碍に対応して良いことなんてありませんし、何よりご自身が考案したものではないので、第三者の視点でご判断されます。適切な内容とタイミングで相談してみて下さい。

Q26 子どもの登校時間が勤務開始時間よりも早く、8時には教室で朝読書の指導をすることになっています。安全管理の面からも教員がつくのは必要だとは思いますが、自分の子どもの送迎もあり、朝15分早めに出勤することが困難です。何とかならないのでしょうか。

●判定：ケースバイケース

●判定基準：スイスイの原理

この内容だけでは回答しづらいため、ここでは2パターンの回答をお示しします。

①「8時には教室で待機」が自治体の方針である場合

自治体の方針である以上、個人で何とかなる問題ではありません。よってスイスイの原理で「する」となります。その際は当然ながら、勤務時間は8時からとなるわけですので、退勤時間は16時30分となります。

②「8時には教室で待機」が自治体からのお願いである場合

ご質問の文面から察するに、勤務開始時間は8時15分と思われます。となりますと、8時からの勤務はあくまでも「お願い」ベースの内容となってきます。依頼を断ることは可

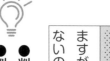

能です。よってスイスイの原理で「しない（断って良い）」となります。

私が勤務している自治体においても「子どもの登校時間は8時15分までに。教員の勤務時間は8時30分から」と、登校時間と勤務時間にズレが生じていました。子どもの登校時間に起きた平成30年の大阪府北部地震を機に「子どもの安全」の観点から教員の勤務時間の改正が図られ、子どもの登校時間に合わせ8時15分となりました。

「何とかしたい」という願いを叶えるためには、

- 子どもと教員の時間を合わせることは、子どもの安全面から必須である
- しかし、様々な家庭環境がある中で、教員の勤務時間を早めることは難しい
- ならば、子どもの登校時間を15分遅らせ、教員の勤務時間に合わせるべきである

という旨を管理職や地元の議員を通じて教育委員会に働きかけてもらい、教育委員会の方針自体を変更する必要があります。他自治体の話をもとに働きかけることで変更される可能性は高いように思えます。少し解決には時間がかかりそうな案件ではありますね。

Q27 保護者からよくLINEやSNS、ゲームのチャットのトラブル相談がありま す。誰が仲間はずれにした、悪口を言った、夜遅い……など、学校外の出来事まで対応を求められます。個別の聞き取りから始めなければならず、家庭で指導してくれ！と思ってしまいます。

●判定：する

●判定基準：モヤモヤの原理

ご相談にあるとおり、家庭で起きていることなわけですから、家庭で解決することが筋です。もしも家庭の出来事について指導を入れようものなら、「兄弟が仲悪くて……先生、指導してくれませんか？」や「家族みんなが揃っているのに、自室にこもってカップラーメンばかり食べるのです。指導いただけませんか？」等の全ての要求に応えなければならないことになってしまいます。身体がいくつあっても足りません。基本は「学校で起きたことは学校、家庭で起きたことは家庭」で間違いありません。

ですが、今回「する」と判断したのは、起因がどこであったとしても、もめ事は早くに鎮火しておかないと、学校でのもめ事として後々現れるからです。つまりは家庭で生じた

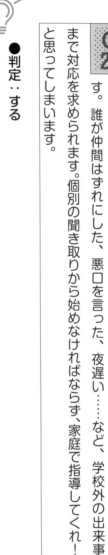

関係性は当然のごとく学校生活に反映されます。「私生活では仲良くないけど、学校では仲良しです！」そんな切り替え上手な子どもを少なからず私は見たことがありません。

①SNSでAさんとBさんにトラブルがあったことは聞いていた
②「家庭のことですので」と対応を断った
③結果、AさんはBさん軍団から学校でも無視をされるようになった↓Aさんは不登校に

こんなにきれいな流れで最悪の事態はなかなか起きないものですが、起きる可能性がある以上は対応しておいたほうがご自身のためにも良いでしょう。

①SNSでAさんとBさんにトラブルがあったことを聞いた
②学校としてAさんとBさんに聴き取り、相互の誤解から生じた事案であったことが判明。保護者にも学校での指導内容を共有し、スマホの使い方等について協力を仰いだ
③翌日から元の2人の関係に戻った

家庭で起きた事象でも対応されておいたほうが良い場合があります。先々に起きることをネガティブに捉えると対応の判断が素早くかつ的確なものとなります。参考にして下さい。

Q28 算数少人数担当です。1つの教科しかやらないからこそ、子どもの理解や実態に合わせて、前学年までの内容の確認なども入れつつ授業を作りたいという思いはあるものの、学力テストや学年の予定に圧迫されてゆとりをもった進行がしにくいのが悩みです。

●判定：しない

●判定基準：ワクワクの原理

責任感の強さが伝わってくる相談内容です。既習事項の確認を入れた授業をしたい、けれども確認の時間を入れるとゆとりを持った進行ができないのでどうしたら良いか。判断基準は、次のとおりとなります。

①既習事項の確認を入れた授業を進めることにワクワク感を持てているかどうか
②既習事項を入れた授業に子どもが喜びを見出しているかどうか
③取り組まないことでモヤモヤが残らないかどうか

大変熱心な先生のことです。①については「ワクワク感」を持たれているでしょうし、先生がそれだけ考えられた授業です。②についても子どもたちはわかる喜びを感じながら学習できていることでしょう。③についても取り組まないことにモヤモヤ感が残ることでしょう。「する」以外の選択肢はありません。

しかし、今回はあえて「しない」と判断されたほうが良いと思いました。

②に関して。子どもの喜びを見出すために、「わかる」ことは大きな要素ですが、それ以上に大切な要素があります。先生の醸し出す雰囲気や表情です。子どもが喜びを見出す、つまりは前向きな気持ちになるためには外的環境が非常に大切になってきます。自分が喜びを感じていても、周りでケンカが行われていれば喜んでいる場合ではないと喜びも半減することでしょう。授業も同じです。目の前にいる人間が余裕なく、必死に授業を進めている姿であったならば、子どもは喜びを表現しづらくなってしまいます。

子どもの喜びに繋がらないようなことになるくらいなら、少し力が抜けて、余裕のある進行ができる状態で授業に臨まれたほうが良いでしょう。良い意味で「サボる」ことをおススメします。

学級を受け持ったら必ず子どもたちに話す話があります。「トイレ」の話です。

「家のトイレはいつもぴかぴかでした。だから外で用をたすことができませんでした。色々なものがこびりついていたからです。うちの家族はみんな上手に用をたすのだと思っていました。そこで気づきました。大学から一人暮らしを始めました。初日から便器が汚れました。あれ？と思いました。家族みんなが上手に用をたしていたからトイレがピカピカだったのではなく、みんなが使って汚れたトイレを親がピカピカにしてくれていたのだと。

苦痛を感じている時、あなたは苦痛の要因について色々なことを考えると思います。どうすれば打開できるのか、どうすれば解決できるのか等。

自分が楽しく幸せに過ごすことができている時も、苦痛を感じている時と同じように、楽しく幸せに過ごすことができている要因について考えてみて下さい。きっと誰かがあなたの見えないところで、知らないところで『めんどくさいこと』をしてくれています。幸せの要因が見つかったら『ありがとう』って伝えて下さい。そして、あなたも誰かの幸せを生み出すために『めんどくさいこと』をして下さい。」

改めて子どもたちに伝えます。「ありがとう。」

コラム❹

推理ドラマ・推理小説が好きな僕の「靴隠し」のおさめ方。

これまで毎年のように靴隠しの被害にあってきたAさん。私が受け持ってすぐの4月、早速被害にあいました。Aは性格が明るく、運動がよくできる子でした。靴隠しの原因はAへのひがみや嫉妬だとふんだ私は、次のことを学級で話しました。

「今年もAの靴隠しが始まりました！　隠される理由は一つしかありません。Aはおもしろいし、運動はできるし、おまけに性格もいいときた。つまりは嫉妬です！って笑っている場合じゃないか」Aも学級も何だか笑顔。以降、靴隠しはなくなりました。加害者からすればAを苦しめたかったにも関わらず、自分の行為でAは先生から褒められ、笑顔を見せたわけですから。靴隠しの「得」がありません。

推理ドラマ・推理小説の中で最も興味を引く場面は「動機の告白」。たくさんの作品を観て、読んで気づいたことは、どんな事件の動機も「自己欲求」を満たしたい単純なものだということ。裏を返せば、加害者が「自己欲求」を満たせない行為だと判断すれば、行為は行われないということ。加害者に被害者の「涙」や「苦しむ姿」を見せず、加害者に「笑顔」や「喜び」をもたらす指導を考えれば事象はおさまります。お試し下さい。

私の妹は、生まれつき重度の心臓病を抱えていました。家では、酸素ボンベをつけての生活。学校では、少し恥ずかしかったのか、酸素ボンベは外していました。歩くことも大変であることは言うまでもありません。

体育の評価。実技の授業を受けることなんてできません。ついた成績は「1」。普段は温厚な母ですが、さすがに学校に話をしに行きました。「取り組んでいないことに『1』以上はつけられません」と、学校の回答。歩くことがやっと。学校に通うことがやっと。それでも一生懸命に歩いていた、一生懸命に通っていた、一生懸命に見学をしていた。「しょうがない」と気丈に振る舞う妹。色々と想いはあっただろうけど僕の前では決して学校のことを悪く言わなかった父と母。それでも家庭内に悔しさの感情は充満していました。

当時の学校には「学校様」的なところがありました。決められたことは絶対でした。たかが「1」、されど「1」。教師の評価は人一人の感情を、家庭の感情をぐじゃぐじゃにすることができるのだということを痛感しました。

だから私は、学校を「頑張っている人が報われる世界」にしようと思いました。何も特別なことじゃなくていい。毎日宿題をしてくる子、さぼらずに掃除をする子、苦手なことに向かっていく子。学校が子どもの頑張りを認める。たったそれだけのことで、子どもは自信を持ち、ひいては家庭に「明るさ」をもたらすのだと思います。

教師。まだまだ小さな社会で生きる子どもたちにとって、また子どもの視点から学校社会を覗く保護者にとって、その存在はすごくすごく大きな存在です。

教師の評価一つで人一人の人生を、家庭の行く末を良くも悪くもすることができると思っています。

教師の言葉一つで子どもの人格が変わる可能性があると思っています。

教師の表情一つでその場の人を幸せな気持ちにも不幸な気持ちにもさせることができると思っています。

「たかが学校・されど学校、たかが教師・されど教師」

私はこう思うことで、学校という場所に、教師という職に誇りを持ち、全うすることができました。

教師。とても重責ある、やりがいしかない職業です。簡単に手放さず、諦めず……一緒にがんばっていきましょう！

NO
YES

あとがき

原稿を書き上げ、ほっとした折に「この本の出発点って何だったけなぁ？」と振り返りたくなり、本書の出版に至るまでに大変お世話になった株式会社スプリックスの島貫さん（もうかれこれ6年以上の付き合い。大阪の気風や食べ物に毎度感動してくれる、優しさの塊りでできているような方）とのメッセンジャーを読み返しました。

最初のやり取りが令和3年（2021年）の11月。足かけ3年の歳月を経て形となったわけです。

メッセンジャー冒頭の文面は、「『体脂肪率5％をめざす教師の皆さんへ』みたいな本を書いてみたいんですけど……」から始まっていました（笑）。そんなとんでもない内容の企画に対しても「いいですね！」と肯定的に受け取って下さっている私のよき理解者、島貫さんでした（まだ諦めてませんからね。読者の方で読んでみたい！と思われた方は積極的に学事出版さんまでお知らせください）。

話がそれました。島貫さんが学事出版さんに繋げて下さいました。本書の出版に大変なご尽力をいただきました学事出版の戸田さんとの初対面。戸田さんからのほぼほぼ初めての一言目が「体脂肪5％になりたいニーズって教員の中にあるのですか?」まっとうなご意見に沈黙の日野。戸田さんにはその後もズバズバと切り込まれ、内容が『体脂肪率本』から大きく方向転換したのは今となっては良い思い出です。

何はともあれ、今回出版させていただきました『教師の仕事をスリム化する3つの原理』の執筆にあたり、たくさんの先生方のお悩みに触れることができました。どれもこれも改めて読ませていただくと「確かにこれって教員の仕事か?」「明らかに教員の仕事じゃないけども取り組んでたな」等、仕事と仕事の線引きって難しいなぁと考えさせられました。私自身も「子どものため」という魔法にかかって、何もかも引き受けていた時期もあったなぁと。

ですが、不思議と仕事をする・しないの判断で悩んだ記憶はありませんでした。きっとその時その時の自分の状況なり段階なりの判断基準があって、判断していたのでしょう。本書は、そんな無意識にしていた判断を私なりの基準で整理し、言語化したものです。

世間体や周囲の評判を気にしてしまうのは人間の性。ですが、これらを気にして、せっかくなった「教員」という職を楽しめない、ましてや辞めてしまうなんてことはとてももったいないことです。本書で紹介した判断基準やあなた自身の判断基準をもとに仕事を精査され、豊かなワーク・ライフバランスを確立していただき、日々を楽しめる教員になられることを心より願っています。あなたのワクワクが子どものワクワクを生み出し、子どものワクワクが、日本の、未来のワクワクを創り出すのです。

最後になりましたが、企画の段階から出版に至るまでお力添えをいただきました学事出版株式会社の戸田幸子様、株式会社スプリックスの島貫良多様には大変お世話になりました。この場をお借りしまして心よりお礼申し上げたいと思います。ありがとうございました。

2024年3月
日野英之

【付録】

授業準備ネット（運営：株式会社 スプリックス）

日野英之おすすめコンテンツ　※閲覧には授業準備ネットへの会員登録が必要です。

▼初任を控えている方へのメッセージ

▼5月の学級経営

▼9月の学級経営

▼11月の学級経営

＊本書の第3章は、「授業準備ネット（旧：フォレスタネット）」の会員の方から寄せられた悩みをもとに構成しました。ご協力いただいた皆さまに心より感謝いたします。

●著者プロフィール

日野英之（ひの・ひでゆき）

1982年愛媛県生まれ。信州大学教育学部を卒業後、大阪府公立小学校で12年間勤務し、平成30年から箕面市教育委員会指導主事。
「箕面教師力向上学習会」代表を務める傍ら、「関西体育授業研究会」「授業力＆学級づくり研究会」「ただただおもしろい授業を追求する会」などにも所属。
単著に『５分でクラスの雰囲気づくり！ ただただおもしろい休み時間ゲーム48手』『心身リラックスでコミュ力アップ！ ただただおもしろい外国語活動48手』（明治図書）、共著に『「あそび+学び+安全」で、楽しく深く学べる 体育アクティビティ200』（フォーラムA）がある。

その仕事《しごと》、する？しない？

教師《きょうし》の仕事《しごと》をスリム化《か》する３つの原理《げんり》

2024年5月5日　初版第１刷発行

著　者　日野英之
発行者　鈴木宣昭
発行所　学事出版株式会社
〒101-0051　東京都千代田区神田神保町1-2-5
電話　03-3518-9655（代表）　https://www.gakuji.co.jp

編集担当　戸田幸子　装丁・組版　高橋洋一　イラスト　三浦弘貴
編集協力　島貫良多（株式会社 スプリックス）・酒井昌子
印刷・製本　精文堂印刷株式会社

ISBN 978-4-7619-3000-4 C3037